연방법원 판례에서 찾은

# 미국 특허분쟁 대응 레시피

제품의 개발과 매출 발생을 위한 기업활동을 중심으로

김정훈

BM 황금부엉이

연방법원 판례에서 찾은

# 미국 특허분쟁 대응 레시피

(제품의 개발과 매출 발생을 위한 기업활동을 중심으로)

기업이 하나의 제품을 출시하기 위하여 연구개발을 수행하고, 제품이 개발되어 여러 가지 방법으로 영업과 마케팅을 전개한 후, 고객사와 물품공급 계약을 체결하여 비로소 매출이 발생하게 되기까지 다양한 특허 문제에 직면하게 된다. 그런데, 특허분쟁은 일단 발생한 후에는 대응할 수 있는 방법이 제품의 제조와 판매를 중단하거나, 특허권자가 요구하는 특허 로열티 또는 특허침해에 따른 손해배상액을 지불하는 것 외에는 뾰족한 수가 없는 경우가 많다. 게다가 특허문제는 제품이 포함하는 기술적 측면과 함께 특허법, 계약법 등 법률적 고려를 복합적으로 해야 하기 때문에, 전문가를 선임하여 고액의 비용을 들여야 하는 만큼 기업으로서는 큰 부담이 아닐 수 없다.

제품을 개발하기 시작한 초기부터 특허분쟁 이슈를 점검한다면 제품을 판매하여 매출을 얻는 시점에서 금전적으로나 사업적으로 보다 효율적인 방법으로 특허문제를 해결할 수 있게 된다.

필자는 여러 기술 분야의 대기업 및 중소기업 특허담당자로 재직하면서 기업 특허전략 및 특허관리체계 수립, 특허 portfolio 설계, 특허검증 및 R&D 연계 특허 획득 등 다양한 기업의 특허활동을 경험하였다. 현재는 미국 변호사로 특허사무소에 재직하면서 고객사의 미국 특허소송 대리, 특허감정(opinion of counsel) 등의 서비스를 제공하고 있다.

본 미국 특허분쟁 대응 레시피는 필자가 기업 특허담당자 시절 얻은 경험과 미국 변호사로서 축적한 법률 지식을 융합하여, 기업의 제품 개발에서부터 영업, 마케팅과 판매에 이르기까지 각 단계에서 발생할 수 있는 미국 특허 이슈를 어떻게 대처할 수 있는지 그 가이드라인을 제공하기 위하여 작성하였다.

특히, 단계별 행동 요령, 그러한 행위가 필요한 법률적 사유, 그리고 그에 따른 사후적 법률효과에 대하여 미국 연방법원의 판례를 사례로 들어 설명하였다.

Bridgeway IP Law Group의 김지훈 미국 변호사께서 attorney-client privilege, inventorship, patent marking 등에 관하여 감수해 주셨다.

모쪼록 본 책자의 내용이 독자로 하여금 각자의 특허분쟁 해결에 필요한 심도 있는 정보 수집을 위한 단초가 될 수 있기를 희망하는 바이다.

2023. 3.

# 김정훈 미국 변호사

콕스특허법률사무소 소속 미국 변호사이다.

1971년 경기도 여주 출생으로, 1997년 건국대학교 화학과 졸업 후 한국특허정보원에 입사하면서 특허업무를 시작하였다.

한국특허정보원 재직 시절, 경희대학교 지적재산권법무학 석사 과정을 마치고 2005년 미국 Franklin Pierce Law Center의 Master of Intellectual Property 과정에 입학하였다. MIP 졸업 후에는 Virginia 주의 Kramer & Amado PC에서 internship을 했으며, 이후 귀국하여 대기업 및 중소기업의 특허담당자로 재직하였다.

대기업 재직 시절인 44세에 미국 변호사 자격 도전을 시작하여 '하늘의 뜻을 알게 된다'는 50세의 늦은 나이에 겨우 합격하였다. 늦은 나이에 자격증 공부를 한다는 점과, 회사에 다니면서 주경야독으로 공부시간을 충당한다는 점이 특히 어려운 이유였다.

다시 대기업 재직 시절로 돌아간다면 회사를 잘 다닐 생각을 하지 않았을까도 싶지만, 지금의 생활은 나름 만족스러운 면이 많다. 콕스특허법률사무소의 젊은 파트너 변리사들과 구성원들 모두 차분하고 성실하여 본인이 적지 않은 나이임에도 불구하고 사무소 분위기에 적응하는 데 큰 어려움이 없다.

기업 특허담당자로 재직하던 시절, 유능한 전문가가 미국 특허법을 상세히 알려주면 좋겠다고 생각했다. 관심 주제 중 claim construction, Doctrine of Equivalents, nonobviousness 등에 대하여 "판례에서 찾는 미국 특허법" 시리즈로 기업 특허담당자와 연구원 대상 세미나를 갖고 있으며, 미국 특허분쟁에 대한 궁금증을 일부나마 해결해 주자는 취지로 본 책을 집필하게 되었다.

미국 특허판례 study 블로그 Patent Brilliant(US patent case law)를 운영하면서, 미국 특허에 대한 지식을 습득 중이다.

취미로 MTB 자전거를 오래 탔으며 새롭게 골프를 추가하였는데, 자전거로는 종종 먼 길도 잘 다녀오지만, 골프는 아직 갈 길이 멀다.

Chapter

# 01 방어편

## Ⅰ. R&D, 마케팅 단계의 특허검토 _ 10



## Ⅱ. 제품 판매 단계의 특허검토 _ 32



## Ⅲ. 특허침해소송의 접수와 대응 _ 58

Chapter

# 공격편

Chapter

# 01

# 방어편

# I

# R&D, 마케팅 단계의 특허검토

# 1. 특허검증

## (1) 제품 개발과정에서의 선제적 특허검토

제품 개발을 위한 R&D 과정에서 타사의 특허를 검토하는 것은 개발된 제품(기술)에 의한 특허분쟁을 예방할 수 있는 유용한 방법이다. 기업의 R&D는 수행 기간도 길고 그 단계도 세분되어 있으므로, 특허 전담부서는 사전에 R&D 진행 정도에 따라 적절한 특허검토를 정의하고 수행 방법을 정하여 프로세스화 하는 것이 좋겠다. 가령, R&D 착수 시점에서는 타사는 어떠한 기술을 특허로 확보하고 있는지, 보유 특허의 규모는 얼마나 되는지, 어느 국가에 권리가 설정되어 있는지 등을 살펴보고, 당사 기술이 경쟁사의 특허문제를 일으키지 않는 개발 방향 및 그에 따른 특허확보 계획을 설정하는 특허검토가 필요하므로, 이때는 특허 동향조사(patent landscape), 주요 특허의 기술적 내용 파악을 위한 특허 요지 맵을 작성하면 좋다.

R&D가 진행되어 당사 기술의 concept가 확정되거나 working sample이 완성되었다면, 해당 기술의 타사 특허침해 여부를 확인하는 특허검증을 수행하면 좋다. 당사 기술과 관련성이 높은 주요 특허를 선별하여 claim chart 형식으로 작성한 후 당사 기술의 특허침해 가능성을 검토해 본다. 시장에서 당사 제품과 직접 경쟁할 것으로 예측되는 타사의 특허보유 건수가 많거나 특허 권리행사에 적극적인 것으로 파악된다면 당사 특허확보를 위한 특허검토를 수행하면 좋다. 중요한 것은, 상기의 R&D 진척도에 따라 어떠한 특허활동을 할 것인지를 결정하는 기준을 마련해야 한다는 점과, 사내에서 특허활동을 효과적으로 수행하기 위하여 개발 조직, 영업/마케팅 조직 및 특허 전담조직이 적절히 협업해야 한다는 점이다.

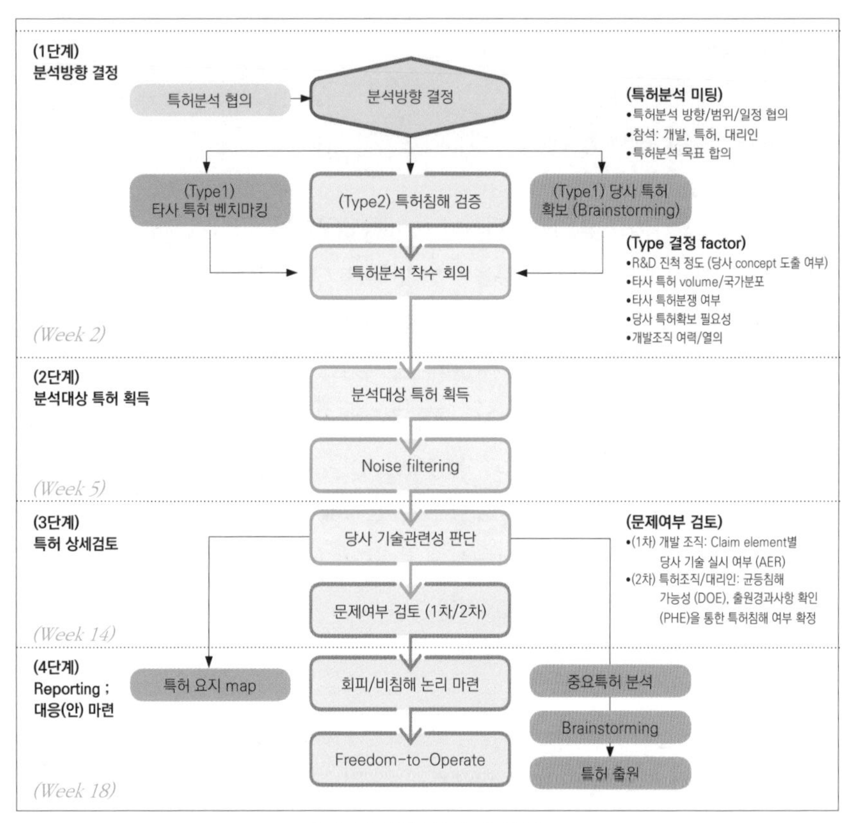


R&D 특허분석 절차 사례

## (2) Claim chart를 활용한 특허침해 여부 검토

개발 중인 제품이 어느 정도 구체적으로 윤곽을 나타낸 시점에서 타사 특허와의 문제 가능성을 검토하는 것이 중요하다. 즉, 제품이 타사 특허를 침해하는지 검토하는 것인데, 이때 claim chart를 활용한다. Claim chart는 검토 대상 특허의 claim을 각각의 구성요소(element)별로 나누어 표 형식으로 작성하고, 당사 제품이 element를 실시하는지 1:1로 비교하는 양식이다.

Claim chart는 우선 검토 대상 특허청구항 중 독립항(통상, claim 1)에 대하여 침해 여부 판단을 수행하고, 독립항이 여러 개인 특허의 경우는 모든 독립항에 대하여 각각 침해 여부 판단을 수행해야 한다. 특허법상 특허 청구항마다 권리 범위가 상이하고, 어느 한 청구항을 침해하는 경우는 그 특허를 침해하는 것으로 되기 때문이다.

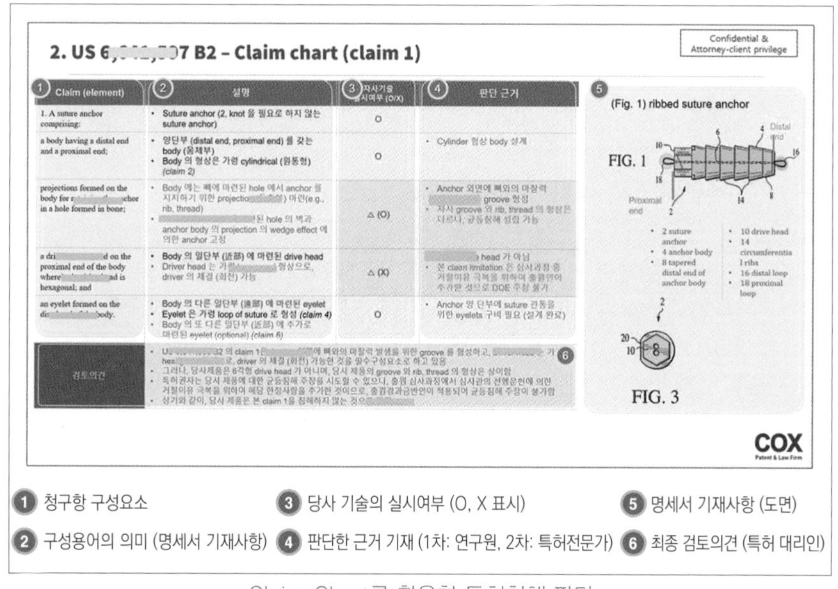

2. US 6,[illegible],[illegible]7 B2 – Claim chart (claim 1)

Confidential & Attorney-client privilege

| ① Claim (element) | ② 설명 | ③ 자사기술 실시여부 (O/X) | ④ 판단 근거 |
|---|---|---|---|
| 1. A suture anchor comprising: | • Suture anchor (2, knot 을 필요로 하지 않는 suture anchor) | O | |
| a body having a distal end and a proximal end; | • 양단부 (distal end, proximal end) 를 갖는 body (몸체부)<br>• Body 의 형상은 가령 cylindrical (원통형) *(claim 2)* | O | • Cylinder 형상 body 설계 |
| projections formed on the body for r[illegible]chor in a hole formed in bone; | • Body 에는 뼈에 마련된 hole 에서 anchor 를 지지하기 위한 projectio[illegible]) 마련(e.g., rib, thread)<br>• [illegible]된 hole 의 벽과 anchor body 의 projection 의 wedge effect 에 의한 anchor 고정 | △ (O) | • Anchor 외면에 뼈와의 마찰력 [illegible] groove 형성<br>• 자사 groove 와 rib, thread 의 형상은 다르나, 균등침해 성립 가능 |
| a dri[illegible]d on the proximal end of the body where[illegible]ad is hexagonal; and | • Body 의 일단부 (近部) 에 마련된 drive head<br>• Driver head 는 가령[illegible] 형상으로, driver 의 체결 (회전) 가능 | △ (X) | • [illegible] head 가 아님<br>• 본 claim limitation 은 심사과정 중 거절이유 극복을 위하여 출원인이 추가한 것으로 DOE 주장 불가 |
| an eyelet formed on the dis[illegible]body. | • Body 의 다른 일단부 (遠部) 에 마련된 eyelet<br>• Eyelet 은 가령 loop of suture 로 형성 *(claim 4)*<br>• Body 의 또 다른 일단부 (近部) 에 추가로 마련된 eyelet (optional) *(claim 6)* | O | • Anchor 양 단부에 suture 관통을 위한 eyelets 구비 필요 (설계 완료) |
| 검토의견 | ⑥ • U[illegible]32 의 claim 1은[illegible]에 뼈와의 마찰력 발생을 위한 groove 를 형성하고, [illegible] 가 hex[illegible]로, driver 의 체결 (회전) 가능한 것을 필수구성요소로 하고 있음<br>• 그러나, 당사제품은 6각형 drive head 가 아니며, 당사 제품의 groove 와 rib, thread 의 형상은 상이함<br>• 특허권자는 당사 제품에 대한 균등침해 주장을 시도할 수 있으나, 출원 심사과정에서 심사관의 선행문헌에 의한 거절이유 극복을 위하여 해당 한정사항을 추가한 것이므로, 출원경과금반언이 적용되어 균등침해 주장이 불가함<br>• 상기와 같이, 당사 제품은 본 claim 1을 침해하지 않는 것으[illegible] | | |



Claim Chart를 활용한 특허침해 판단

특허법상 어떠한 제품이 claim element 전부를 실시하면 특허침해가 성립하는데 이를 All Elements Rule(구성요소 완비의 원칙)이라고 한다. 특허권자는 자신의 특허를 근거로 특허침해를 한 자에게 특허침해소송을 통하여 특허침해에 따른 손해의 보전을 청구할 수 있다. 이 경우, 침해 제기 제품(accused product)이 특허청구항 구성요소 전부를 실시하는 것을 입증해야만 한다. 따라서, 제품 개발과정에서 claim chart를 작성하여 특허침해 여부를 선제적으로 검토하면, 향후 발생할 수도 있는 특허침해소송에 효율적으로 대비할 수 있고, 침해 가능성이 있는 특허에 대한 회피설계 내지 특허 무효화 논리를 미리 마련할 수도 있을 것이다.

## All Elements Rule

1. 어떤 제품이 claim element 전부를 실시하는 것을 All Elements Rule(구성요소 완비의 원칙)이라고 한다. 판례에 따르면 구성요소의 실시는 문언적으로(literally) 할 수도 있고, 균등적으로(equivalently) 할 수도 있다.

- To prove infringement, a [party] must prove the [literal] presence of each and every claim element or its equivalent in the accused product. *Star Sci., Inc. v. R.J. Reynolds Tobacco Co.*, 655 F.3d 1364, 1378 (Fed. Cir. 2011)

2. 즉, 어떠한 제품이 claim의 명시적 기재에 대한 문언적 침해를 구성하지 않더라도, claim과 accused product 간 균등(물) 관계에 있다면 균등침해가 성립하는데, 이것을 Doctrine of Equivalents(균등론)에 의한 특허침해라고 한다. 균등침해 판단 시, 발명을 전체로써(invention as a whole) 침해 제기 제품과 비교하면 안 되고, claim element별로 균등 여부를 검토해야 한다.

- A product or process that does not literally infringe upon the express terms of a patent claim may nonetheless be found to infringe if there is "equivalence" between the elements of the accused product or process and the claimed elements of the patented invention. *Warner-Jenkinson Co., Inc. v. Hilton Davis Chemical Co.*, 520 U.S. 17 (1997)

3. 균등침해와 관련하여 중요한 것 중 하나는 특허권자가 특허 심사과정에서 USPTO의 거절이유 극복을 위하여 행한 narrowing amendment(축소 보정)에 대하여는 등록 후 균등침해 주장을 할 수 없는 것인데, 이를 Prosecution History Estoppel(출원경과 금반언 원칙)이라 한다. 법원은 심사과정에서 거절이유 극복을 위한 claim amendment가 있는 경우, 이것이 특허권자의 claim scope에 대한 포기인 것으로 일단 추정하여 균등침해 주장을 불허하는데, 다만

특허권자가 해당 보정의 사유와 claim 간 특단의 사정이 있었음을 입증하면, 그에 대한 균등침해 주장을 허락해 준다. 특단의 사정은 다음의 세 가지다: (1) unforeseeability, (2) tangential relation, and (3) some other reason.

- [C]ourt should presume that the patent application had a substantial reason related to patentability for including the limiting element added by amendment. In those circumstances, prosecution history estoppel would bar the application of the doctrine of equivalents as to that element. *Festo Corp. v. Shoketsu Kinzoku Kogyo Kabushiki Co.,* 535 U.S. 722 (2002)

당사 제품이 일단 구성요소 완비의 원칙 하에 타사 특허를 침해할 가능성이 있는 것으로 판단되면, 전문가에게 상세검토를 의뢰하는 것이 좋다. 특허침해 여부 판단을 위해서는 미국 특허법에 대한 정확한 이해가 필요하기 때문인데, 사내 특허담당자는 특허검증 절차를 미리 정밀하게 규정해 두는 것이 좋겠다.

필자는 사내 특허담당자 시절, 경쟁사 특허에 대한 당사 제품(기술)의 특허침해 여부를 검토하기 위한 절차를 다음과 같이 수립한 적이 있다.

a. 특허검색 조건 추출 단계: 특허검증 대상 제품 관련 특허를 검색하기 위한 검색조건, 가령 keyword, 경쟁사명(출원인), 특허분류 등을 추출하고, 특허검색 수행

b. 분석대상 특허 선별 단계: 특허검색 수행으로 획득한 특허로부터 특허담당자가 관련 있는 특허만 선별; 관련 없는 특허를 제거하는 단계로, noise filtering 단계라고도 함

c. 상세검토 대상 특허 선별 단계: 특허담당자가 선별한 특허를 대상으로, 연구원이 상세검토 필요한 특허만을 선별하는 단계
d. 1차 상세검토 단계: 대상 특허를 claim chart로 작성하고, 연구원이 당사 제품이 특허청구항 구성요소를 문언적으로(literally) 침해하는지 검토하는 단계
e. 2차 상세검토 및 결론 단계: 1차 상세검토된 claim chart 상의 결과를 대상으로, 전문가(변리사)가 명세서 기재사항 및 심사경과사항을 참작하여 균등적으로 침해 가능성이 있는지 검토하고, 최종 결론을 내리는 단계

특히, 특허침해 여부를 검토하는 경우에는 특허침해 여부에 대한 정확한 판단뿐만 아니라, 후술하는 특허소송 피소 시 특허검토 결과에 의한 법률효과의 발생도 고려해야 하기 때문에 외부 전문가와 함께 검토하는 것을 추천한다. 연방법원의 다수의 판례에 따르면, 미국 변호사 외의 각국 변호사, 변리사 등에 대하여는 법률적 의미의 attorney, 즉 변호사로 인정하지 않는 경우가 있으므로, 미국 변호사에 의한 검토가 바람직하다.

## (3) Claim Construction

특허침해소송에서 무엇보다 중요한 것은 특허권자의 주장대로 침해 제기 제품이 특허를 침해하였는지 결정하는 것이다. 판례에 따르면, 특허침해 여부는 다음의 2 step-analysis에 의한다:

a. (Step 1) Claim construction, and
b. (Step 2) Comparison of accused product and claim.

즉, 1단계에서 특허 claim의 범위와 의미를 결정하고, 결정된 범위, 즉 legal scope of protection과 accused product를 비교한다. *Read Corp. v. Portec, Inc.*, 970 F.2d 816 (Fed. Cir. 1992)

## Determination of Patent Infringement

35 U.S.C. § 271 (Infringement of patent) (a) Whoever without authority makes, uses, … patented invention, … during the term of the patent infringes the patent.

**Two-step Analysis**

The determination whether a claim has been infringed requires a two-step analysis.
First, the claim must be properly construed to determine its scope and meaning.
Second, the claim as properly construed must be compared to the accused device or process.
Read Corp. v. Portec Inc., Fed. Cir. (1992)

**Step 1**

- Job of claim construction falls on a judge.
  *Markman v. Westview Inst., 517 U.S. 370 (1996)*
- Ordinary and customary meaning (Phillips standard)
  *Phillips v. AWH, Fed. Cir. (2005)*
- Question of fact (de novo standard);
  Subsidiary factual inquiries (Clear error standard)
  *Teva Pharm. v. Sandoz, 574 U.S. 318 (2015)*

**Step 2**

- All Elements Rule
  1) Literal infringement
  2) Doctrine of Equivalents
  *Winans v. Denmead, 56 U.S. 330 (1853)*
- Prosecution history estoppel
  *Festo v. Shoketsu Kinzoku, 535 U.S. 722 (2002)*

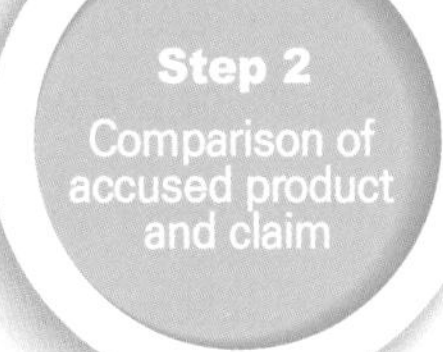

35 U.S.C. § 284 (Damages) Upon finding for the claimant, the court shall award the claimant damages adequate to compensate for the infringement, ...

특허침해소송의 특허침해판단 2-Step Analysis

Supreme Court는 Markman 사건에서, claim construction은 matter of law 이므로, jury가 아닌 judge가 판단할 사항이며, 이에 대한 2심 검토기준은 de novo라고 판결하였다. *Markman v. Westview Inst.,* 517 U.S. 370 (1996) 그러나, 이후 Teva Pharm. 사건에서 claim construction 중 factual findings를 하였다면, 그에 대하여는 2심 검토기준을 clear error로 상향하여야 한다고 판결하였다. Factual findings는 특허청구항 용어의 의미를 검토함에 있어서, 명세서 기재사항, 출원경과 등의 내부적 증거에 부가하여, expert testimony 등의 extrinsic evidence를 검토한 경우를 말한다. *Teva Pharmaceuticals USA, Inc. v. Sandoz, Inc.,* 574 U.S. 318 (2015)

특허 claim은 통상의 의미, 즉 ordinary and customary meaning으로 해석해야 하는데, 이것은 특허출원 시점에 통상의 지식을 가진 자가 명세서를 참작하여 인지하는 의미를 말한다. *Phillips v. AWH Corp.,* 415 F.3d 1303 (Fed. Cir. 2005) 다만, 특허권자가 claim term에 대하여 명확한 정의를 부여함으로써 lexicographer임을 선택하였다면, 그에 따라 해석해야 한다. *Level Sleep LLC v. Sleep No. Corp.,* No. 2020-1718 (Fed. Cir. Jul. 13, 2021) Claim construction 중 증거의 참작 순서는 (1) intrinsic evidence, (2) extrinsic evidence인데, extrinsic evidence를 참작한 의미가 intrinsic evidence를 참작한 의미와 상충하면 안 된다.

특허 claim이 명세서 기재사항 또는 출원경과 중 출원인이 주장한 사항에 의하여 한정 해석되어야 하는지 판단하는 것이 중요하다. CAFC는 다수의 판례에서, 특허 claim 이 명세서 기재사항에 비추어 해석되어야 하나, claim 부분이 아닌 명세서 기재사항에 의하여 그 의미를 한정 해석하면 안 된다고 판결하였다. 특허의 보호 범위는 특허 claim 에 의하여 결정되기 때문이다. 그러나, 명세서 기재사항 등으로 특허 claim 용어가 한정 해석되는 경우는 다음과 같이 생각해 볼 수 있다:

이와는 반대로 claim 그 자체만으로 해당 용어의 의미가 명확한 경우, 어떠한 한정사항을

a. Claim 그 자체만으로 해당 용어의 의미가 명확하지 않은 경우,

b. Claim을 means-plus-function claim으로 기재한 경우, 이때 §112(f)에 의하여 명세서 기재사항 중 해당 기능을 수행하는 structure 또는 material로 한정 해석,

c. 명세서에 단일 실시예만을 기재하고, 본 발명의 특징임을 출원인이 주장한 경우,

d. 어떠한 측면을 발명의 특징으로 반복적으로 기재한 경우,

e. 특정 용어에 대하여 명세서가 그 의미를 분명하게 개시하고 있는 경우(own lexicographer rule),

f. Prior art에 대하여 본 발명의 특정 측면과 비교하여 차이점이 있다고 기재한 경우(disclaimer),

g. Prior art에 대하여 명세서 전반에 걸쳐 반복적이고, 명확하게 비판한 경우(disparagement),

h. 심사과정 중 심사관의 거절이유 극복을 위하여, prior art와의 차이점이 있다고 주장한 경우,

i. 연관 출원, 즉 continuation, CIP의 등록/심판 과정에서 특정 용어의 의미에 관하여 주장한 경우(prosecution history estoppel)

종속항에 명확히 기재한 경우(claim differentiation), 명세서에 복수의 실시예를 기재한 경우, prior art에 대하여 비판하였으나 그러한 비판이 명확한 수준에 이르지 못한 경우, 즉 단순히 불편하다고 하거나 발명의 배경 부분에만 기재한 경우 등은 명세서 기재사항으로 claim을 한정 해석하지 못하는 것으로 판결한 바 있다. *ScriptPro LLC v. Innovation Assocs., Inc.*, 833 F.3d 1336, (Fed. Cir. 2016)

특허담당자는 평소 claim construction에 대한 다양한 이론을 습득하여 정확한 특허 claim scope를 판단할 수 있도록 준비할 것을 추천한다.

## (4) 특허소송을 대비한 요식행위(Formality)

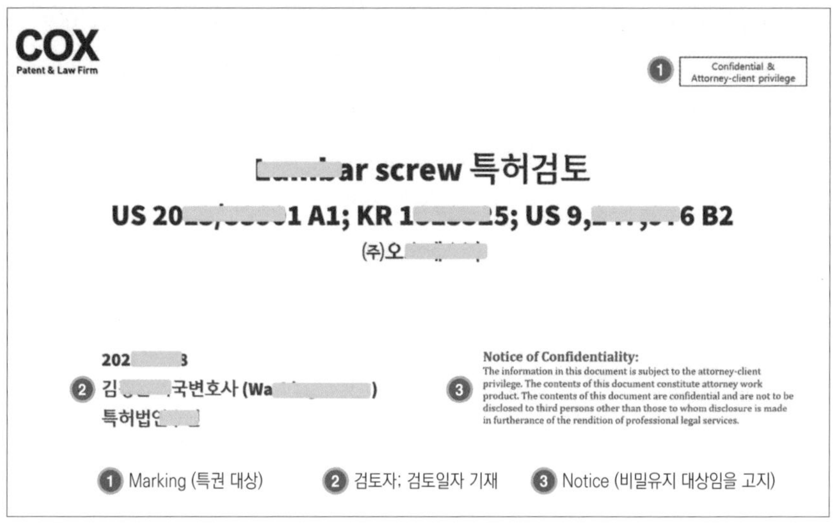


Confidentiality Notice and Attorney-client Privilege Marking 사례

특허소송이 제기되었는데, 인용특허(cited patent)를 사전에 검토한 이력이 있는 경우라면, 피고는 discovery 절차 중 해당 특허검토 사실을 재판부에 제출하여 원고가 열람할 수 있도록 해야 한다. 왜냐하면, Federal Rule of Civil Procedure(FRCP §26(b)(1))에 따르면, discovery 범위는 "소송과 관련된 비밀유지 특권이 없는 모든 것(any non-privileged matter that is relevant to any party's claim or defense)"으로 되어있기 때문이다. 예컨대, 원고는 제출된 자료에 근거하여 피고가 특허를 인지했음에도 불구하고 특허침해행위를 지속했음을 입증할 수도 있는데, 이는 willful infringement에 의한 특허 손해배상액의 증액 판결을 불러올 수도 있다.

또한, 특허검토 사실은 특허법상 induced infringement의 요건인 고의(actual knowledge) 입증의 증거로도 사용될 수 있다. 연방항소법원은 특허권자가 간접침해를

## Willful Infringement

a. 피고가 특허침해 사실을 인지했음에도 불구하고 이를 지속하는 경우, 재판부는 이에 대하여 징벌적 배상(punitive damages)을 판결할 수 있는데, 침해자의 악의적 행위를 벌하는 취지로 배상액을 최대 3배까지 증액할 수 있어 "treble damages"라고도 한다. (35 U.S.C. §284)

b. Supreme Court는 Halo Electronics 사건에서, 기존 Court of Appeals for the Federal Circuit(CAFC, 연방항소법원)의 Seagate test, 즉 clear and convincing evidence of objective recklessness and infringer's knowledge 기준을 파기하고, preponderance of evidence of subjective knowledge만 입증되면 willful infringement로 판단할 수 있도록 변경하였다. *Halo Electronics, Inc. v. Pulse Electronics, Inc.*, 579 U.S. _ (2016)

c. 이후 SRI International 사건 재판부는, willful infringement와 punitive damages/attorney's fees 부과 요건이 별개임을 명확히 하였는데, 즉 (1) willful infringement는 피고의 "deliberate or intentional infringement"만 있다면 충족될 수 있으나, (2) 그에 따른 징벌적 손해배상을 부과하기 위해서는 피고의 "wanton, malicious and bad-faith behavior"가 필요하다고 하였다. *SRI Int'l, Inc. v. Cisco Sys., Inc.*, No. 2017-2223 (Fed. Cir. Jul. 12, 2019)

주장한 사건에서, opinion of counsel(변호사 감정)을 신뢰하여 특허침해행위를 지속한 피고에 대하여, 비록 제품이 특허침해를 구성하기는 하나, 간접침해의 성립요건인 고의가 갖춰지지 않았다면서 특허 비침해라고 판결한 바 있다. 다만, opinion of counsel을 신뢰하였다고 하여 무조건 고의 요건이 소각되는 것은 아니고, 재판부는 opinion of counsel이 갖춰야 할 일정한 조건을 종합적으로 고려하는 점은 유의해야 한다. 가령, 특허를 침해한 자와 사업적 이해관계가 있는 자, 예컨대 사내 변호사가 작성한 경우, 특허 비침해 결론에 도달하기 위하여 file history를 충분히 검토하지 않은 채 추단적(conclusory) 결론을 내린 경우 등에는 변호사의 특허 비침해 의견을 신뢰하였다는 사실만으로 고의가 소각되지 않을 수 있다.

## Induced Infringement

a. DSU Medical 사건 재판부는, DSU Medical의 induced infringement 주장에 대하여 JMS가 비록 특허침해행위를 하였으나, 이는 제품 개발과정에서 변호사의 특허 비침해 검토의견(opinion of counsel)을 신뢰하고 한 것이므로, induced infringement 성립 요건(35 U.S.C. §271(b))인 specific intent는 없다고 하면서 특허 비침해 판결하였다. 재판부는 특허침해를 유도한 자에게 induced infringement 결정을 내리기 위해서는 단순히 특허침해가 발생 가능하다는 사실의 인지 수준에 머무르지 않고, 특허침해를 적극적으로 유도하겠다는 특별한 의도(specific intent)를 소유해야 한다면서, 해당 특허에 대하여 변호사의 특허 비침해 의견을 받아 이를 신뢰하였다면 specific intent에는 이르지 않는다고 판결하였다. *DSU Medical Corp. v. JMS Co.*, 471 F.3d 1293 (2006)

b. Supreme Court는 Global-Tech Appliances 사건에서, induced infringement (35 U.S.C. §271(b))의 specific intent 요건을 정의하였는데, 고의는 의도적 회피 (willful blindness)이면 족하다고 하면서,

   (1) 주관적으로는 사실이 존재할 고도의 가능성이 있음을 인지하고,

   (2) 해당 사실의 고의적 회피 행위(deliberate action to avoid)가 있으면 된다.

   고 하였다. 이는 과거 CAFC가 적용해 온 이른바 deliberate indifference 기준을 파기하고, willful blindness 기준을 정의한 것의 의의가 있다. Supreme Court는 해당 판결에서, deliberate indifference 기준은 유도침해자가 자신의 행위가 특허침해를 구성한다는 위법성에 대한 인식에 이르는 것을 회피하기 위한 행위가 요구되지 않는다면서 그 차이점을 지적하였는데, 이 때문에 willful blindness 기준이 종전의 기준에 비하여 상향된 고의를 요건으로 하는 것이다. *Global-Tech Appliances, Inc. v. SEB S.A.*, 563 U.S. 754 (2011)

따라서, 검토자료가 특허침해소송 중 재판부에 증거로 제출되지 않도록 할 필요가 있는데, 이를 위하여 특허 청구항을 당사 제품 또는 기술과 대비하여 특허침해 여부를 검토하는 경우에는 반드시 변호사(변리사)와 함께 검토하는 것이 필요하고, 그렇게 검토한 결과, 즉 특허침해 검토 보고서에 대한 요식행위(formality)를 갖추는 것이 필요하다. 보고서 첫 페이지에는 본 자료가 비밀유지 대상이고 변호사의 비밀유지 특권 대상임을 notice로 기재하고 보고서 각 페이지에도 "Confidentiality & Attorney-client privilege"라고 marking한다. 보고서 마지막 페이지에는 변호사 검토의견임을 기재하면서 변호사의 서명과 날짜를 기입한다.

## Attorney-Client Privilege

a. 변호사가 고객(의뢰인)과 나눈 정보를 소송 시 상대방에게 공개하지 않을 수 있는 특권이다. 미국 특허소송 중 양측은 제기된 특허침해 이슈와 관련한 사실을 재판부의 명령에 따라 제출해야 할 의무가 있는데, 이것이 discovery이다. 특권으로 보호받기 위해서는 비밀유지 의무(confidentiality)가 있으므로, 해당 정보가 비밀유지 대상임을 표시하고 비밀유지 의무가 없는 제3자에게는 누설하지 말아야 한다. 그렇지 않으면 특권이 사라지고 discovery 제출 대상이 된다. FRCP §502에는 다음과 같이 변호사-고객 간 "비밀 대화"라고 규정하고 있다.

   Rule 502. Attorney-client privilege and Work product
   (g) Definitions. In this rule: (1) "attorney-client privilege" means the protection that applicable law provides for confidential attorney-client communications.

b. 특허출원 중 non-attorney patent agent, 즉 attorney는 아니면서 patent agent 자격만을 가진 자와 고객 간의 대화가 privilege 대상인지 문제 되었다. 2006년 In re Queen's Univ. 사건에서 CAFC는, 이에 대한 limited privilege

를 판결하였다. 원고 Queen's Univ.는 자신들의 patent agent - employee 간 교환 문서에 대하여 privileged communications 사유로 discovery 제출을 거부하였는데, 이에 대하여 magistrate judge는 non-attorney agent와 고객 간 대화이므로, attorney-client privilege는 적용되지 않는다면서 피고의 motion to compel을 승인하였다. 1심 재판부는 원고의 objection을 받아들이지 않은 채, Federal Circuit의 pending review를 요청하였다. CAFC는 해당 사안은 patent agent에 대한 신규한 privilege를 인정해야 하는 만큼 신중해야 한다면서, accountants, jailhouse lawyers 등의 non-attorney client advocates와 비교하여, patent agent의 독특한 역할, 즉 특허출원 중 practice of law를 수행하는 점은 타 non-attorney client advocate와 구별된다고 하였다. 그러면서, patent prosecution에 관한 patent agent-client privilege가 성립된다고 판결하였다. CAFC는 patent agent의 특허출원 중 practice of law를 수행하는 점에 대하여는 Supreme Court의 *Sperry v. Florida,* 373 U.S. 379 (1963) 판결을 인용하였다. Supreme Court는 patent agent가 특허출원을 준비하고 제출하는 과정에서 client에게 statutory criteria 하의 발명의 특허성에 대하여 조언하고, 특허 명세서와 claim을 작성하는 행위는 practice of law에 해당한다고 하였다. *In re Queen's Univ. at Kingston,* 820 F.3d 1287 (Fed. Cir. 2016)

이렇게 특허검토를 변호사와 함께 수행하고, 그 결과물(보고서)을 비밀유지하였다면, discovery 대상에서 제외시킬 수 있는 만큼, 사내 특허담당자는 관련 절차와 규칙을 미리 작성해 두는 것이 좋겠다.

# 2. 전시회 참가 시 특허 이슈 사항

## (1) 특허 이슈 대비 필요성

기업은 개발된 제품을 해외 전시회에 출품하여 수출을 도모하게 될 것이다. 해외 전시회 참가 시, 전시회 현장의 특성상 일단 특허권자에 의한 압수 등이 집행되면, 그에 대한 대응이 사실상 불가능할 정도로 긴박하다. 따라서, 사전에 전시회 참가로 발생 가능한 특허 이슈에 대한 대응요령을 숙지하고, 관련 조직 간 대응 체계를 구축하며, 현지에서 도움을 요청할 수 있는 지원체계 또는 특허대리인과의 연락 방법을 마련해 두는 것이 필요하다.

## (2) 전시행위에 대한 특허침해 관련 규정

### 가. Offer to Sell

35 U.S.C. §271(a)는 특허 존속기간 동안 권한 없이 판매를 위한 청약(offer to sell) 행위를 하였다면, 이를 특허침해행위로 규정하고 있다.

다만, 미국에서 개최되는 전시회에서 특허침해를 구성하는 제품을 전시하는 행위에 의하여 특허침해 결정을 받는 것은 간단하지 않다. 전시회에서 제품을 어떻게 전시하였는지, 가령 제품의 가격을 노출하였는지, 제품이 특허된 발명을 온전히 실시하였는지, 아니면 부품에 해당하는지 등의 사실관계에 따라 특허침해의 성립 여부가 결정되기 때문이다. Rotec Industries 사건에서 연방항소법원은, 특허법상 판매를 위한 청약(offer to sell)의 의미를 충족하기 위해서는 청약의 대상 제품이 "상업적 판매의 청약" 대상이어야 한다고 하였다. 따라서, 전시행위 중인 제품에 대하여 판매가격을 부착하지 않거나, 제품의 일부 구성을 분리하여 전시회 전용으로 별도 제작하든지, 그러한 표시(labeling)를 하는 것으로도 특허침해에 따른 피해를 어느 정도 감소시킬 수 있다.

**Offer to Sell**

Rotect Industries 사건 재판부는, §271(a)의 "offer to sell"의 의미가 충족되려면,

(1) claim element 전부를 실시하는 제품이어야 하고,

(2) commercial offer for sale의 대상이어야 한다고 하였다. 재판부는 traditional contractual analysis에 근거하여 §271(a)의 "offer to sell" 의미를 정의하여야 한다면서, 가령 피고의 price quotation (판가의 제시) 은 특허발명을 판매하겠다는 의도를 포함하는 것으로써 §271(a)의 "offer to sell"에 해당한다고 판결하였다. *Rotec Industries, Inc. v. Mitsubishi Corp.*, 215 F.3d 1246 (Fed. Cir. 2000)

## 나. Temporary Restraining Order

미국 민사소송 절차 중에는 특허침해 물품에 대한 가처분 명령(preliminary injunction)과 함께 임시제한명령(Temporary Restraining Order, TRO)이 있는데, 특허권자는 자신의 특허침해를 근거로 법원에 해당 신청을 할 수 있다. 법원은 TRO 발행 시 상대방의 의견을 청취하지 않으므로, 만약 특허권자가 전시자의 제품에 대하여 TRO를 신청할 경우는 전시 중에 문제가 될 수 있을 것이다. TRO는 본안 소송을 제기하기 전에 신청하는 임시 금지명령인데, 특허권자는 "즉각적인 회복할 수 없는 손해"를 법원에 입증해야 한다. 특허권자의 신청에 대하여, 상대방은 재판부에 그에 대한 자신의 의견을 제시할 수 없고, TRO에 대한 이의신청도 불가능하다. FRCP §65(b)

통상, 법원은 TRO를 신청한 자의 주장만으로 그 발행 여부를 결정해야 하므로, TRO 대신 상대방에 대한 의견청취 절차(hearing)를 거치는 preliminary injunction을 내리는 것을 선호한다. 상대방에 대한 hearing은 하지 않으므로 이를 보완하는 수단으로 TRO 발행을 위한 2-part test가 마련되어 있는데, 재판부는

a. 청구인이 "immediate and irreparable injury"가 있음을 affidavit(선언)으로 제출하게 하고,
b. 청구인의 법률대리인이 서면으로 청구인의 주장을 확인(attorney's certificates in writing)하도록 한 다음

이를 검토하여 TRO 발행 여부를 결정한다.

## (3) 전시회 참가기업의 분쟁 대응 방안

### 가. 사전 대응

미국 전시회 참가 전, 전시물품의 특허침해 여부를 검토하는 것이 좋다. 특히, 미국 변호사의 비침해 의견서(opinion of counsel)를 받아둔다면 후에 특허침해소송을 제기 받는다 하더라도 좋은 대비 방법이 된다. 우리 회사가 보유한 지재권 증명과 실시권 허락 증명을 지참하는 것도 좋은 방법일 것이다. 그리고 유사시를 대비하여 현지 대리인과의 연락 방법을 사전에 정해두는 것을 추천한다.

전시회 참가 전 특허권자와의 특허 라이센스 협상을 진행하였거나, 특허침해행위 금지 경고장(cease and desist letter)을 받은 사실이 있는 경우라면 특별한 주의가 필요하다. 특허권자로서는 상대 기업의 전시회 참가에 즈음하여 권리행사에 착수할 수 있기 때문이다.

### 나. 전시 기간 중 대응행위

전시회 기간 중 특허침해 금지 경고장을 받았다면, 경고장의 형식과 내용을 상세히 검토할 필요가 있다. 경고장 발송자가 정당한 특허권자(대리인)인지, 특허번호, 관련 법률 및 침해 사실을 명확하게 적시하였는지 등인데, 이러한 요건이 충족되어야만 경고장에 의한 특허침해 사실의 고지(notice) 효력이 발생하기 때문이다. 법률적 효력을 갖춘 경고장을 받았는데 이를 무시한다면 장차 특허소송이 발생했을 경우 고의침해에 따른 징벌적 손해배상 등의 더 큰 불이익을 받을 수도 있으므로 주의해야 한다.

# 3. 제품 홍보 시 유의사항

## (1) 홈페이지, 제품 카탈로그 작성 유의사항

기업이 제품의 홍보를 위하여 인터넷 홈페이지, 제품 카탈로그, 사용자 매뉴얼 등에 상세한 기술적 사항을 기재하는 것은 자칫 특허권자로 하여금 특허침해 증거 수집 수단을 제공할 수 있는 바, 각별한 주의가 필요하다. 특히, 제품의 설계도를 활용하여 상세한 구조를 기재하거나, 제품이 수행하는 기능을 flowchart로 기재하는 것 등은 지양해야 한다.

필자는 특허담당자로 재직 시절, 회사의 관련 조직, 즉 홍보팀, 영업/마케팅팀 등과 이러한 사항에 대하여 미리 협의할 수 있는 기구를 마련하여, 제품에 대한 홍보자료, 매뉴얼 등을 제작할 때 어떠한 형식으로 정보를 기재하여야 하는지 사전에 협의하도록 하였다. 또한, 연구원들이 외부 학회 발표, 논문 게재 등을 하기 전 해당 사실을 신고하여 대상 기술에 대한 특허출원 필요성을 미리 검토하는 것으로 하였다.

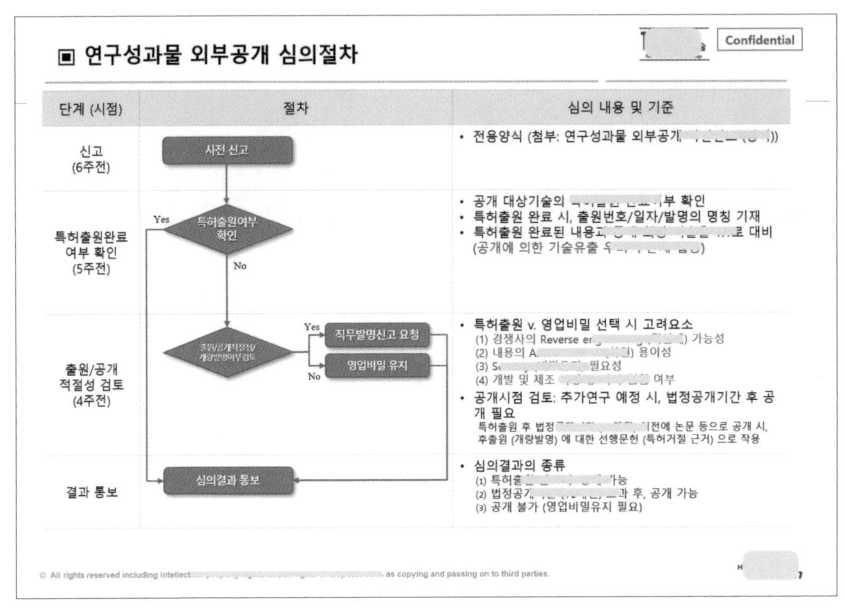

R&D 성과물 외부 공개 심의절차 사례

## (2) Evidence of Use

특허권자가 자신의 특허권에 기초하여 권리행사 시, 특허침해 사실과 관련한 정보를 수집하게 된다. 이후, 수집된 정보에 기초하여 특허 청구항 구성요소와 대비하여 침해 사실을 부정하기 힘들도록 일정한 양식으로 작성하는 것이 특허침해 사실 입증 claim chart이다. 그러므로 제품에 관한 과도하게 상세한 내용, 즉 제품의 분해 사시도, 제어, algorithm 및 작동 관계에 관한 flowchart 따위를 기재하는 것에 의해 특허침해 이슈를 유발할 수도 있다. 특허 전담부서는 사내 홍보 조직 등과 이러한 점을 고려하여 불필요한 특허분쟁을 사전에 방지할 수 있도록 해야 한다. (EoU에 대하여는 (2부) Ⅱ. 1. 증거수집(EoU) 참조)

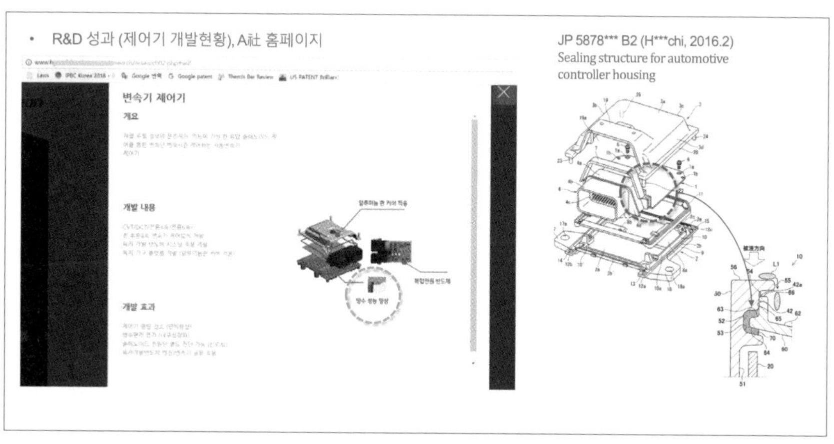


홈페이지 R&D 실적 홍보 중 제품 분해 사시도(A社)와 경쟁사 특허 도면 비교

# II

# 제품 판매 단계의 특허검토

# 1. 물품공급 계약 체결 시 유의사항

## (1) Patent Warranty

물품공급 계약은 buyer(구매자)가 seller(공급자)의 제품 사용 중에 입는 특허침해에 대한 면책(indemnification)의 약정을 포함하는데, 이것이 특허보증(patent warranty)이다. Buyer 입장에서는 seller에게 무한책임을 지울수록 유리한 측면이 있을 것이고, 반대로 seller 입장에서는 buyer가 입은 손해의 규모나 면책의 범위에 조건을 붙이는 편이 유리할 것이다. Patent warranty는 양자의 계약관계에 기초하는 것이므로, buyer와 seller의 bargaining power에 따라 그 범위가 정해지는 것은 당연하다. 그러나, 미국은 각 주의 계약법 또는 UCC에 seller의 특허보증 의무가 규정되어 있으므로, 이러한 seller의 의무를 완전히 제거하는 것은 불가능하지만, 어느 정도 그 범위에 제한을 가하는 것은 가능하다. 다음의 측면에서 검토해 볼 수 있겠다. (seller에게 유리한 조건은 buyer에게 불리할 것이다.)

가령, 물품공급 계약상 다음과 같은 patent defense and indemnification provision을 포함함으로써, seller의 보증의무를 제한할 수 있다.

> Seller will defend, indemnify, and hold Buyer harmless against a third-party action, suit, or proceeding ("Claim") against Buyer to the extent such Claim is based upon an allegation that a Product, as of its delivery date under this Agreement, infringes a valid United States patent.

이것은 일견 seller의 무한책임을 규정한 것으로 보일 수 있으나, seller의 의무를 개시하는 행위에 대한 중요한 제한을 포함하고 있고, 또한 seller가 면책해야 할 범위와 종류를 action, suit, proceeding으로 제한하는 의미가 있다. 즉, 특허권자가 단순히 특허침해를 주장(allegation)하거나, 특허 라이센스를 요구(assertion)하는 때에는 seller의 면책의무는 발생하지 않는다.

Buyer 입장에서는 자신이 특허권자의 주장에 대응하는 데 투입할 자원을 최소화하는 편이 patent warranty에서 궁극적으로 추구해야 할 사항이므로, 가급적 seller의 보증의무에 따른 개입을 최대한 앞당기는 것이 유리하다. 즉, 특허권자에 의한 경고장 수령 단계에서 seller에게 보증의무를 지우는 조항을 포함시키도록 해야 한다.

필자는 특허담당자 시절, 당사가 공급한 제품에 대하여 공급받은 회사의 요구로 특허침해 여부를 검토한 적이 있는데, 이 경우 당사 연구조직과 상당한 시간을 투입하였고, 게다가 공급받은 회사는 해당 검토 결과에 대한 opinion of counsel까지 요구하여 고액의 비용을 지출한 경험이 있다.

특허침해에 대한 defense와 indemnification은 서로 별개의 것임에도 불구하고, 일반적으로 보증조항은 이 두 가지를 single provision으로 기재함으로써 한꺼번에 seller에게 의무를 지우게 된다. Seller는 다음과 같이 별개의 문장으로 기재함으로써, 이를 분리할 수도 있다:

> Seller will defend, at its expense, a third-party action, suit, or proceeding against Buyer ("Claim") to the extent such Claim is based upon an allegation that a Product, as of its delivery date under this Agreement, infringes a valid United States patent. Seller will indemnify Buyer for any judgments, settlements and reasonable attorney fees resulting from a Claim as provided in this Section.

이에 부가하여, seller는 상기의 의무가 buyer의 서면에 의한 notification을 요건으로 한다고 제한할 수 있다.

Seller는 자신의 보증의무에 다음과 같은 중요한 예외 조항을 두는 것이 좋다.

a. Seller 외의 자에 의하여 제품이 변형(modification)된 경우,
b. Buyer가 사양(specification)을 지정하여 제품으로 된 경우,
c. Buyer가 seller의 제품에 자신 또는 제3자의 제품을 결합하여 된 제품에 의하여 특허침해가 발생한 경우

특히, 이러한 경우는 seller는 buyer에게 특허침해에 따른 자신의 손해보전을 요구할 수 있도록 이른바 reverse defense and indemnification obligation을 규정할 필요가 있다. 또한, seller는 buyer의 negligence 내지 willful misconduct가 있는 경우는 자신의 책임을 면하는 것을 고려해 볼 수 있다.

금전적 보증은 통상 buyer의 손해를 "온전히 보전(hold harmless)"한다고 하므로, seller 입장에서 그 범위를 제한하는 것을 검토해야 한다. 왜냐하면, buyer의 손해는 제품의 판매에 따른 손해뿐만 아니라, 사업적 기회의 상실에 따른 비용 측면, 그에 따른 제반 손해를 모두 포함할 수 있기 때문이다. 이것을 liability disclaimer라고 하는데, 가령 다음과 같이 규정할 수 있다:

> No Other Remedies Regarding Infringements – The foregoing states Seller's entire liability and Buyer's sole and exclusive remedy with respect to any infringement or misappropriation of any US patent of any other party.

이에 부가하여, 손해의 규모를 금전적으로 또는 지역적으로 제한을 두는 것도 seller 입장에서 유리한 것이다. 가령, seller가 buyer에게 제품을 미국에 공급하는 계약을 체결하는 경우, 미국 특허에 의한 특허침해만을 보증해 주는 것으로 제한하는 것이 가능할 것이다. 이렇게 함으로써, buyer가 미국 외의 국가에 해당 제품을 수출함으로써 발생하는 특허침해의 손해는 seller가 보상하지 않을 수 있을 것이다.

특허침해에 의한 피해를 경감하기 위한 목적으로 buyer는 다음과 같이 seller가 해당 제품의 대체품을 공급해야 한다는 의무를 규정할 수 있다:

> Seller, at its own expense and option may: (1) procure for Buyer the right to continue use of the Product; (2) replace the Product with a non-infringing product; or (3) refund to Buyer a prorated portion of the applicable Fees for the Product based on a linear depreciation monthly over a (X) year useful life, in which case Buyer will return to Seller the Product and cease all use of it.

이렇게 하면, buyer로서는 특허침해의 경우에도 해당 제품을 지속적으로 공급하는 지위를 유지할 수 있는 바, 사업적 측면에서 매우 유리한 조건이라 할 수 있다.

특허침해소송이 발생하였을 때 소송의 주도권을 누가 갖는지에 대하여 미리 규정하는 것도 필요하다. 왜냐하면, 소송을 주관할 권리(right to control)가 면책을 제공하는 자, 즉 seller에게 있는지 아니면 면책받는 자, 즉 buyer에게 있는지에 따라 판례가 나뉘고 있기 때문이다. 특히, Crystal River Enters. 사건에서 재판부는 계약에 의하여 buyer에게 소송 사실을 고지하는 것으로 규정하지 않은 경우라도 seller의 보증의무가 여전히 발생한다고 판결하였다. *Crystal River Enters. v. Nasi,* 399 So. 2d 77, 78 (Fla. 5th DCA 1981)

## (2) Implied-Contract Basis Warranty

두 회사 간 물품공급 계약을 체결함에 있어서, patent warranty 조항을 포함시키지 않더라도, seller는 상법상 상인의 행위에 따른 제품 보증의무를 갖기 때문에, 계약상의 묵시적 보증의무를 갖는다. 미국의 다수의 주에서 채택 중인 Uniform Commercial Code (Section 2-312(3))는 특허침해에 따른 buyer의 손해를 supplier의 책임으로 이전하도록 규정하고 있다. 이러한 supplier의 liability(책임)는 계약에 supplier의 책임으로 하지 않는다는 명시적 기재가 존재하지 않는 이상 적용되기 때문에, 이를 implied warranty라고 한다. UCC는 다음의 4가지를 implied warranty의 발생 조건으로 규정한다:

a. the seller is a merchant,
b. the goods were subject to a rightful claim of infringement,
c. the buyer did not provide the seller with specifications to manufacture the infringing good, and
d. the parties have not "otherwise agreed."

Rightful claim에 관하여, CAFC는 특허권자가 반드시 특허소송에서 승소한 것을 요건으로 하지는 않는다고 판결한 바 있다.

## Rightful Claim

a. 다수의 주에서 채택 중인 U.C.C. §2-312(3) 규정에 따라, 제3자의 rightful claim에 근거한 침해 주장에 대하여 seller의 특허 보증의무가 발생한다: [A] merchant regularly dealing in goods of the kind warrants that the goods shall be delivered free of the rightful claim of any third person by way of infringement.

b. Cover 사건 재판부는, rightful claim 요건은 특허권자가 반드시 특허소송에서 승소한 것을 요건으로 하지는 않는다고 판결하였다. *Cover v. Hydramatic Packing Co.*, 83 F.3d 1390, 1394 (Fed. Cir. 1996)

c. Phoenix Solutions 사건 재판부는, patent warranty에 근거하여 특허침해에 따른 손해를 면책해야 하는 rightful claim에 대하여 판결하였다. 재판부는 U.C.C. §2-312의 warranty는 infringement claim을 폭넓게 인정하고 있고, 이것은 승소를 요건으로 하지는 않는다면서, 그러한 의미에서 rightful claim은 다음과 같이 "애초에 승소 가능성이 없음을 인지한 상태에서 제기한(frivolous) 소송만 아니면 된다"고 하였다: "[N]on-frivolous claim of infringement that has any significant and adverse effect, through the prospect of litigation or otherwise, on the buyer's ability to make use of the purchased goods. 재판부는 이것이 특허침해소송의 맥락으로는 rightful claim이 재판을 통하여 특허침해로 결론 내려진 것만을 의미하지는 않는다는 점을 명확히 하였다. *Phoenix Solutions, Inc. v. Sony Electronics, Inc.*, 637 F. Supp. 2d 683 (N.D. Cal. 2009)

d. Rightful claim에 대한 또 다른 기준은 "substantial shadow"인데, 이것은 seller가 공급한 제품(기술)을 buyer가 사용함에 따른 실질적 명암, 즉 실질적인 손해에 이르는 것을 요건으로 한다. Sun Coast Merch. 사건에서 재판부는, rightful claim은 buyer가 특허침해 제기를 받은 seller의 제품을 사용함에 있어서 적어도 buyer의 사용상의 능력에 대한 적어도 adverse effect가

발생하는 것을 요건으로 한다고 판결하였다. 그러나, substantial shadow 요건은 실무상으로는 buyer의 사업상 어떠한 손해, 가령 비용의 증가, 판가에의 영향, 재판매 능력에의 부정적 영향 등 다양한 방법으로 증명이 가능하므로, non-frivolous (patent claim) 요건과 "substantial shadow" 요건은 큰 차이가 있지는 않은 것으로 평가된다. *Sun Coast Merch. Corp. v. Myron Corp.*, 393 N.J. Super. 55, 79-80 (App. Div. 2007)

다만, UCC에 근거하여 seller에게 묵시적 보증의무를 지우기 위해서는 상기의 4가지 조건을 법정에서 다투어야 하는 점, 또한 각 주는 소멸시효 등에 관하여 주의 사정에 맞게 별도의 규정을 갖는 만큼, 명시적으로 보증의 범위와 방법 등을 규정하는 것이 좋고, 보증 이슈가 발생한 시점으로부터 최대한 신속하게 면책을 위한 절차에 착수하는 것이 필요하다.

필자는 자동차 제어로직 개발 회사 재직 시절, 독일의 engineering service 회사와 엔진 제어로직 수급 계약을 체결한 적이 있는데, 당사는 제품을 공급받는 입장으로 특허보증 조항을 요구하였으나, 독일 회사는 보증의 범위를 금전적으로 해당 계약에 의한 이익 예상액으로 제한하거나, 당사에 특허침해 가능성이 있는 특허를 미리 분석하여 자신들에게 그 정보를 제공하게 하여 해당 특허에 의한 특허침해만으로 면책의무를 제한하는 등 그 범위를 매우 좁혀줄 것을 요구하였다. 이처럼 특허보증/면책은 양 당사자 간의 협상에 의하여 그 내용이 크게 달라질 수 있으므로, 특허담당자는 특허보증조항의 설계와 검토에 대해서는 전문가(변호사)의 조력을 적극 이용할 것을 추천한다.

# 2. 경고장 수령에 따른 대응

## (1) 경고장 수령과 의도 파악

특허권자가 자신의 특허권에 기초하여 특허침해를 주장하면서 그러한 행위의 중지 등을 요구하는 서면을 경고장(warning letter)이라 한다. 경고장에는 통상 특허침해 행위를 중지하라는 내용이 포함되므로 특허침해행위 중지 서면(cease and desist letter)이라고도 한다. 경고장을 받은 자는 경고장의 의도를 파악하는 것이 중요한데, 경고한 자의 주관적 의도야 직접 물어보지 않는 이상 파악이 쉽지 않겠지만, 경고장에 의한 미래의 법률효과를 검토해 보는 것으로 경고장의 내용과 외형에 의한 객관적 의도는 가늠해 볼 수 있을 것이다. 즉, 경고의 내용이 특허침해를 주장하는 특허에 대한 단순 경고인지, 특허 라이센스 체결을 위한 협상의 요구인지, 기한을 정하여 그때까지 특허침해를 중지하지 않으면 소송을 제기하겠다는 것인지, 내용적으로는 단순히 특허번호와 경고받은 자의 제품라인에 대한 대략적인 경고인지, 아니면 특허 청구항을 경고받은 자의 제품과 비교하여 침해의 사실을 구체적으로 적시하는, 가령 claim chart 형식을 이용하였는지에 따라 경고장이 유발하는 법률효과는 다르다. 경고장의 수령에 의하여 발생할 수 있는 법률적 효과로는 (1) 경고장 수령일이 특허침해소송 시 손해배상액의 기산점으로 되는 것, (2) 간접침해의 고의 요건의 성립 등이다.

경고장 회신 절차

## (2) 경고장 분석

경고장 내용을 신속하게 파악하고 그에 따른 회신을 준비해야 하는데, 다음의 사항을 위주로 분석해 볼 수 있다.

a. 회신 필요성: 경고장에 기재된 특허권자의 의도(특허침해의 단순 경고, 특허 라이센스 요구, 특허침해소송의 예정)

b. 경고장 인용특허의 권리 사항: 특허권자, 양수(assignment) 사실, 연차료 (annual fee) 납부 사실, 권리 잔여기간, patent family

c. 당사 제품의 특허침해 여부

d. 특허무효 가능성(invalidity)

e. 회신해야 할 사항 및 기한

f. 반소(declaratory action 등) 제기 필요성

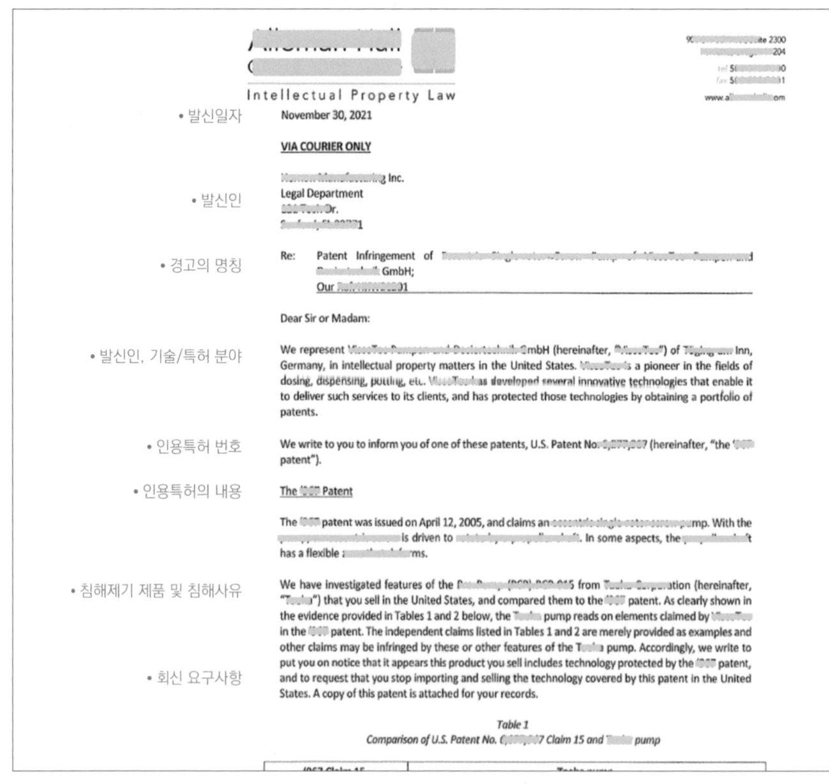

Intellectual Property Law

[illegible] Suite 2300
[illegible] 204
tel [illegible]
fax [illegible]
www.[illegible]

• 발신일자

November 30, 2021

VIA COURIER ONLY

• 발신인

[illegible] Inc.
Legal Department
[illegible] Dr.
[illegible]

• 경고의 명칭

Re: Patent Infringement of [illegible] GmbH;
Our [illegible]

Dear Sir or Madam:

• 발신인, 기술/특허 분야

We represent [illegible] GmbH (hereinafter, "[illegible]") of [illegible] Inn, Germany, in intellectual property matters in the United States. [illegible] is a pioneer in the fields of dosing, dispensing, potting, etc. [illegible] has developed several innovative technologies that enable it to deliver such services to its clients, and has protected those technologies by obtaining a portfolio of patents.

• 인용특허 번호

We write to you to inform you of one of these patents, U.S. Patent No. [illegible] (hereinafter, "the '[illegible] patent").

• 인용특허의 내용

The '[illegible] Patent

The '[illegible] patent was issued on April 12, 2005, and claims an [illegible] pump. With the [illegible] is driven to [illegible]. In some aspects, the [illegible] has a flexible [illegible] forms.

• 침해제기 제품 및 침해사유

We have investigated features of the [illegible] from [illegible] Corporation (hereinafter, "[illegible]") that you sell in the United States, and compared them to the '[illegible] patent. As clearly shown in the evidence provided in Tables 1 and 2 below, the [illegible] pump reads on elements claimed by [illegible] in the '[illegible] patent. The independent claims listed in Tables 1 and 2 are merely provided as examples and other claims may be infringed by these or other features of the [illegible] pump. Accordingly, we write to put you on notice that it appears this product you sell includes technology protected by the '[illegible] patent, and to request that you stop importing and selling the technology covered by this patent in the United States. A copy of this patent is attached for your records.

• 회신 요구사항

*Table 1*
*Comparison of U.S. Patent No. [illegible] Claim 15 and [illegible] pump*

경고장 사례

## (3) 특허의 양수 관련 사항 파악

USPTO 홈페이지(Patent Assignment Search)에서 특허권의 양수 관련 사항을 확인할 수 있다.

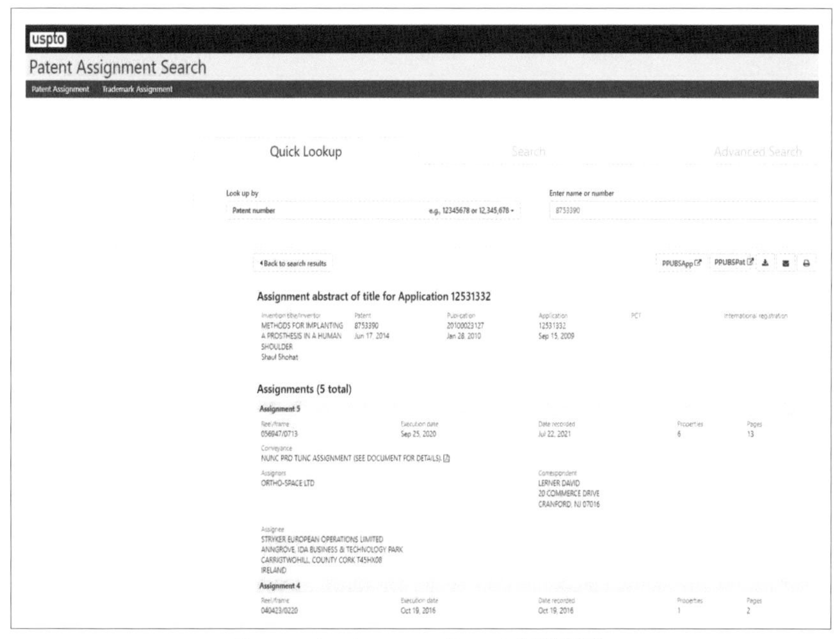


Patent Assignment Search(USPTO)

35 U.S.C. §261에는 다음과 같이 assignment에 관하여 규정하고 있는데, 특히 특허권을 양수한 날로부터 3개월 이내에 그 사실을 기록하지 않은 자는 특허권에 대한 일정한 대가를 지불한 선의의 제3자에게 대항하지 못한다고 하였다:

An interest that constitutes an assignment, grant or conveyance shall be void as against any subsequent purchaser or mortgagee for a valuable consideration, without notice, unless it is recorded in the Patent and Trademark Office within three months from its date or prior to the date of such subsequent purchase or mortgage.

즉, 특허권을 양수받은 자는 PTO에 그 사실을 기록하는 것이 권리행사에 있어서 의무는 아니나, 가령 원 특허권자가 악의적으로 특허권을 이중으로 양도할 경우에는 bona fide purchaser, 즉 후에 해당 양수 사실을 모르고 특허권을 양수받은 자에 대하여 대항할 수 없으므로 특허권을 양수하는 즉시 기록하는 것이 중요하다. 한 가지 유의사항은, 특허법이 미국 연방법(35 United States Code)으로 되어 있지만, §261은 "patent shall have he attributes of personal property"로 시작하므로, 다른 재산권과 동일하게 권리의 이전은 state law에서 규정하는 방식을 따르는 것으로 하고 있다. 그러나 곧이어, "patents shall be assignable in law by an instrument in writing"으로 그 이전이 서면일 것을 규정하고 있다는 점이다. 관련하여, 특허권은 35 U.S.C.의 규정에 따라 반드시 assignment에 의하여만 이전될 수 있는지, 그러한 assignment는 반드시 서면에 의하여야 하는지 문제되는데, 다음의 case law를 확인하는 것을 추천한다.

## Transfer of Patent

a. Frugoli 사건에서 재판부는, 특허권을 이전할 수 있는 유일한 방법은 assignment에 의한 것이라고 판결하였다. 발명자(종업원)는 사용자에 대하여 특허출원서에 자신을 발명자로 기재하지 않은 사실에 대한 소송을 제기하였는데, 피고(사용자)는 발명자가 employment agreement에 서명한 것을 근거로 특허권이 사용자 자신에게로 이전되었다고 주장하였다. 그러나 재판부는 특허권은 assignment에 의해서만 이전될 수 있는 바, 피고의 주장을 배척하였다. *Frugoli v. Fougnies,* No. CIV 02-957-PHX RCB, 2003 U.S. Dist. LEXIS 26651 (D. Ariz. July 24, 2003)

b. Akazawa 사건에서 CAFC는, 특허권의 이전에 있어서의 primary authority는 어느 법에 있는지 판결하였다. Yasumasa Akazawa는 일본인(일본 거주)인데 US 5,615,716의 특허권자이다. 그는 사망하면서 특허에 관한 유언을 남기지 않았고, 배우자와 자녀는 일본 유산법에 근거하여 자신들이 특허권을 유산으로 받은 것으로 신뢰하여 Akira Akazawa에게 양수하였고, Akira는 Link New Tech.에 특허침해소송을 제기하였다. 1심 재판부는 Patent Act의 규정에 따라, 특허권은 오직 assignment에 의해서만 이전 가능한데, "716특허는 assignment in writing의 사실이 없으므로 원고는 특허소송 적격이 갖춰지지 않았다"고 하였다. 항소심에서 CAFC는, 35 U.S.C. §261은 assignment에 관하여만 서면일 것을 규정할 뿐, 35 U.S.C. §154에서는 "[e]very patent shall contain a short title of the invention and a grant to the patentee, his heirs or assigns, of the right to exclude others ..."로 규정하고 있으므로, 특허법상 특허권의 이전이 서면에 의한 것으로 제한되지는 않는다고 하였다. 그러면서, 복수의 case law에 따라 특허권이 주법에 의하여 이전(operation of state law)된다고 판결하였다. 즉, 유언장이 존재하지 않는 상황에서는 35 U.S.C. §154에 따라 상속인에게 이전된다고 보는 것이다. *Akazawa v. Link New Tech. Int'l, Inc.,* 520 F.3d 1354 (Fed. Cir. 2008)

c. Sky Techs. 사건에서 CAFC는, 특허권의 이전에 관한 이슈에서 state law와 Federal law 중 어느 법에 따르는지 판결하였다. 재판부는 다음과 같이, assignment의 유효여부 내지 기간에 관하여는 Federal law에 따르나, 특허권의 이전에 관한 사항은 주법을 따른다고 판결하였다:

"Usually, federal law is used to determine the validity and terms of an assignment, but state law controls any transfer of patent ownership by operation of law not deemed an assignment." *Sky Techs. LLC v. SAP AG*, 576 F.3d 1374 (Fed. Cir. 2009)

최근, CAFC는 종업원의 특허가 사용자의 정관과 채용계약에서 정한 특허양도 조항에 의하여, 자동으로 사용자에게 귀속되지는 않는다고 판결하였다. 이는 특허법상 발명을 한 발명자가 일단 특허받을 권리를 갖고, 별도의 특허권 이전에 관한 약정이 없는 한 발명자가 특허권자가 되기 때문이다. 가령, 미래에 완성할 발명의 이전에 관하여

(1) "shall be the property [of the employer]"로 하는 것과

(2) "[inventor] (hereby) does assign"으로 하는 것은 그 법률효과 측면에서 차이가 발생하므로, 특허담당자는 특허권 이전과 관련한 문제에 대하여는 전문가에게 자문을 의뢰하는 것을 추천한다.

## Assignment under Employment Agreement

**Omni MedSci.**사건에서 CAFC는, 채용계약에서 정한 특허의 양도 조항에 따라, 종업원의 특허가 언제나 자동으로 사용자에게 양도되지는 않는다고 판결하였다.

Dr. Islam은 Univ. of Michigan에 합류하면서 채용계약을 체결하였는데, 계약서에는 UM의 bylaw에서 정한 규정을 준수하겠다는 내용이 포함되어 있었다. UM Bylaw 3.10에는 특허의 양도에 관하여 규정하였는데, 첫 번째 단락에는 다음과 같이 UM의 지원을 받은 개발 결과물에 대한 특허권은 자동으로 UM으로 이전된다고 하였다:

[p]atents ... issued or acquired as a result of or in connection with administration, research, or other educational activities conducted by members of the University staff and supported directly or indirectly … by funds administered by the University … shall be the property of the University.

Apple은 해당 조항에 근거하여, 발명자(Dr. Islam)의 특허권은 UM에 이전되었으므로, 이후 Dr. Islam과 Omni MedSci. 간의 특허양도 계약에 의하여 특허권이 이전되지 못하였고, 그에 따라 Omni MedSci.의 standing to sue는 존재하지 않는다면서 motion to dismiss를 청구하였다. 재판부는 UM Bylaw §3.10의 네 번째 단락에는 다음과 같이 UM의 지원을 받지 않은 개발 결과물에 대하여는 그 권리가 발명자에게 있는 것으로 규정하는 점을 지적하면서:

... resulting from activities which have received no support, direct or indirect, from the University [which] shall be the property of the inventor ….”

특허양도 조항은 2가지 카테고리로 나눌 수 있다. 즉, (1) present, automatic assignment of a future invention과 (2) mere promise to assign patent rights to the invention in the future라고 하면서, 본 사건의 경우는 (2)번의 경우에 해당한다고 하였다.

왜냐하면, Bylaw §3.10에서는 2가지 상반되는 경우, 즉 발명자의 결과물이 UM

의 지원을 받은 경우와 그렇지 않은 경우를 모두 규정하였고, UM의 지원을 받은 경우에만 사용자의 권리로 이전된다고 하였으므로, 실제 발명이 완성되어 특허되는 미래의 시점에서 발명자와 사용자 간 patent assignment agreement를 체결하여야만 해당 특허권이 이전되는 효과가 발생하기 때문이라고 하였다. *Omni MedSci, Inc. v. Apple Inc.*, 2021 WL 3277220 (Fed. Cir., August 2, 2021)

## (4) 특허침해 여부 및 무효 가능성 검토

경고장에 수록된 특허의 침해 가능성은 앞에서 기술한 claim chart를 활용한 방법에 의하여 판단할 수 있다. 경고장에 특정된 당사 제품 위주로 특허침해 가능성을 검토하되, 장차 특허소송 또는 특허 라이센스를 상정하여 관련 제품 전체에 대하여 검토하는 것이 필요하다. 다만, 단종제품이라 하더라도, 특허침해 제기의 시효가 있으므로, 경고장 수령일로부터 6년 이내 매출 발생 제품은 포함시켜야 한다.

일단, 특허침해 가능성이 있는 것으로 판단된 특허에 대하여는 특허 무효 가능성 검토를 진행해 볼 수 있다. 특허 무효화에서 가장 필요한 것은 특허 심사과정에서 인용되지 않은 prior art를 찾는 것인데, 특허담당자는 특허검색서비스를 이용하여 스스로 검색할 수도 있고, 전문서비스기관(한국특허기술진흥원)이나, 미국의 서치펌 등에 의뢰할 수도 있다. 특허청구된 발명이 특허출원일 이전에 특허되거나, 서면으로 개시되거나, 공중에 의하여 실시 또는 판매된 경우, §102(novelty) 및 §103(nonobviousness) 요건 위반으로 특허받을 수 없다. §102, §103 요건 판단을 위한 특허출원일 이전의 증거를 prior art라고 한다. MPEP §2127에는 특허심사과정에서 삭제된 기재사항의 prior art 자격에 대하여 규정하고 있는데, 특허출원서에 기재되었으나, 특허심사과정에서 삭제되어 특허공보에는 개시되지 않은 사항이라 하더라도, 공중의 접근성(public accessibility)을 갖춘다면 prior art 자격이 있다고 하였다.

## Public Accessibility

Bruckelmyer 사건 재판부는, 특허출원서에 기재되었으나 심사과정 중 삭제되어 등록공보에는 존재하지 않는 도면에 대한 prior art 자격에 대하여 판결하였다.

Bruckelmyer는 US5,567,085의 특허권자인데, '085 특허는 "[M]ethod of thawing frozen ground by rubber hoses around a narrow concrete footing form"에 관한 것이다. Bruckelmyer는 Ground Heaters에 대하여 특허침해소송을 제기하였는데, Ground Heaters는 Canadian patent 1,158,119(1982.5, Young)를 근거로 특허무효를 주장하였고, 1심 재판부는 Ground Heaters의 주장을 받아들여 원고패소 판결하였다. '119 특허의 2개의 도면(Fig. 3, 4)은 특허출원서에 도시되었으나, 심사과정 중 삭제되어 특허에는 수록되지 않았는데, Bruckelmyer는 이 사실에 근거하여,

(1) '119특허의 file wrapper가 배포되었다는 증거가 없고,

(2) 통상의 지식을 가진 자가 합리적 노력을 기울여 캐나다 특허심사 중 삭제된 사항에 접근할 수는 없으므로, '119 특허에 근거하여 특허무효 판결한 trial court의 결정에 오류가 있다고 주장하였다.

CAFC는 reference가 prior art의 public accessibility 요건을 갖추기 위하여, 다음 중 어느 하나를 갖춰야 한다고 하였다:

(1) published to those interested in the art for a sufficient amount of time to allow them to capture, process and retain the information conveyed by the reference; or

(2) those interested must be able to locate the material in a meaningful way.

재판부는 '119 특허 명세서에 다음과 같이, "the claimed system is suitable for applying heat to other objects and is not necessarily confined to use in relation to concrete placement. Other typical uses are…. thawing frozen ground"로 삭제된 도면(Fig. 3, 4)에 대한 기재가 있으므로, 통상의 지식을 가진

자가 특허 됨으로써 public accessibility를 갖춘 기재사항으로부터 합리적 노력을 기울여 심사과정 중 삭제된 사항에 도달할 수 있으므로, public accessibility 요건을 갖춰 prior art 요건을 충족한다고 판결하였다. *Bruckelmyer v. Ground Heaters, Inc.*, 445 F.3d 1374, (Fed. Cir. 2006)

필자는 2006년 미국 유학 시절, internship으로 서치펌에 근무한 경험이 있다. 필자는 기계/화학 분야 invalidity search를 수행하였는데, 소속 미국 변호사는 "인용특허에 대한 invalidity search에서 중요한 것은 재판부로 하여금 무효 가능성이 존재한다는 확신을 갖게 하는 것"이라고 강조하였다. 등록된 특허의 무효를 주장하는 자는 무효 사유를 clear and convincing evidence 기준으로 입증해야만 한다. 즉, 특허출원 전 선행문헌의 검토를 통하여 특허출원 발명의 특허성을 분석하는 것과는 달리, 인용특허에 대한 invalidity는 법률요건에 맞게 무효논리를 전개하는 것이 중요한 만큼, 변호사와 협업하는 것을 추천한다.

## Clear and Convincing Evidence

Supreme Court는 Microsoft 사건에서, 등록된 특허에 대한 무효를 주장하는 자는 무효 사유를 clear and convincing evidence 기준으로 입증해야 한다고 판결하였다. 35 U.S.C. §282는 "[a] patent shall be presumed valid"로 되어있고, "[t]he burden of establishing invalidity of a patent shall rest on the party asserting such invalidity"로 되어있다.

Supreme Court는 §282에서 입증책임에 대하여 규정하고 있지 않으므로 Congress의 "presumed valid" 용어 사용에 대하여 검토해야 한다면서, 이것은 common law 상에서 확립된 의미인데, "encompassed not only an allocation of the burden of proof but also an imposition of a heightened standard of proof"라고 하면서, 특허 무효의 입증 기준은 preponderance of evidence 기준보다 상향된 clear and convincing evidence 기준이라고 하였다. *Microsoft Corp. v. i4i Limited Partnership,* 564 U.S. __ (2011)

## (5) 경고장 회신

특허침해 주장이 타당한 경우와 부당한 경우로 나누어 회신을 고려해야 한다. 특허침해 주장이 타당한 경우, 즉 당사 제품이 특허를 침해할 가능성이 존재할 경우 경고장 수령일까지의 제품 매출은 장차 특허침해소송에 의한 손해배상액 산정의 대상이 되므로, 이에 대한 특허 라이센스 수용 등 원만한 해결의 의사표시가 필요할 것이고, 추가의 특허침해를 중단하거나 제품의 회피설계를 시도하는 것이 필요하다. 특허침해 주장이 부당한 경우는 경고장 회신 내용으로 특허침해가 성립하지 않는다는 사실을 명확하게 회신하고, 그에 따른 손해의 보전을 위한 법률적 조치, 가령 명예훼손, 영업 방해 등을 취할 수 있음을 회신할 필요가 있다. 인용특허의 무효화 가능성이 충분하다면, 특허침해 주장을 계속할 경우는 무효논리를 활용하여 특허무효절차(Inter partes review, 특허무효소송, declaratory judgment action)를 제기할 수 있음을 회신할 수도 있다.

중요한 것은 경고장을 무시하거나 무대응하면 안 되고, 경고장에서 다뤄진 사안별로 조목조목 회신하는 것이다. 내부적으로 특허침해 주장이 부당한 것으로 결론을 냈더라도 특허권자 입장에서는 특허침해를 확신하여 특허소송으로 비화시킬 수 있고, 상대가 NPE라면 소송을 제기한 후 소송대응에 필요한 법률비용에 상응하는 금액을 합의금으로 받아내려고 할 수도 있기 때문에 신중한 대응이 필요하다.

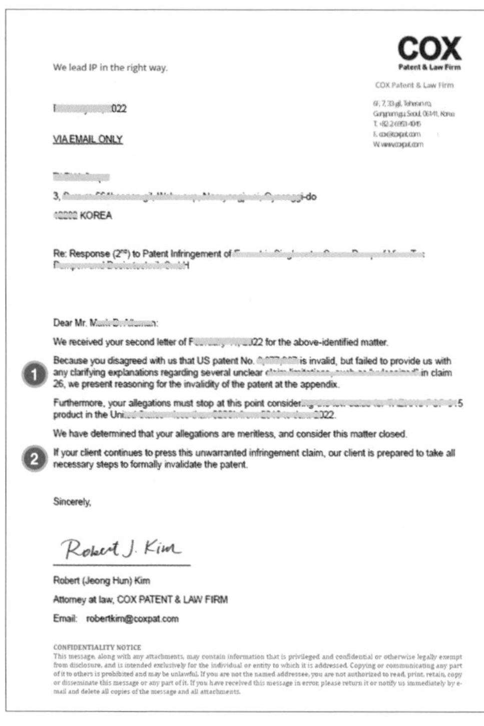

COX
Patent & Law Firm

We lead IP in the right way.

COX Patent & Law Firm

[illegible]022

VIA EMAIL ONLY

[illegible]
3, [illegible]-do
[illegible] KOREA

Re: Response (2nd) to Patent Infringement of [illegible]

Dear Mr. [illegible]:

We received your second letter of [illegible]022 for the above-identified matter.

❶ Because you disagreed with us that US patent No. [illegible] is invalid, but failed to provide us with any clarifying explanations regarding several unclear [illegible] in claim 26, we present reasoning for the invalidity of the patent at the appendix.

Furthermore, your allegations must stop at this point consider[illegible]5 product in the Uni[illegible]2022.

We have determined that your allegations are meritless, and consider this matter closed.

❷ If your client continues to press this unwarranted infringement claim, our client is prepared to take all necessary steps to formally invalidate the patent.

Sincerely,

Robert J. Kim

Robert (Jeong Hun) Kim
Attorney at law, COX PATENT & LAW FIRM
Email: robertkim@coxpat.com

CONFIDENTIALITY NOTICE
This message, along with any attachments, may contain information that is privileged and confidential or otherwise legally exempt from disclosure, and is intended exclusively for the individual or entity to which it is addressed. Copying or communicating any part of it to others is prohibited and may be unlawful. If you are not the named addressee, you are not authorized to read, print, retain, copy or disseminate this message or any part of it. If you have received this message in error, please return it or notify us immediately by e-mail and delete all copies of the message and all attachments.

경고장 회신 사례

- 경고장 회신자
- 경고장 회신자
- 경고장 제목

**❶ 회신 내용**

- 인용특허의 무효 사유
- 경고 대상 제품의 비침해 사유
- 기타, 본 사안이 조속히 종결되어야 하는 사업상의 사유 등

**❷ 경고장 반박**

- "특허 검토결과, 대상 제품은 특허 비침해이고 인용특허의 무효사유가 발견되었으므로, 본 사안에 대한 추가의 주장이 있다면 그에 대하여 법적 대응할 것임"

## (6) 특허 라이센스 체결 시 유의사항

경고장을 회신할 때, 당사 제품의 특허침해가 확실하다면 특허권자에게 특허 라이센스를 요청하는 것도 하나의 선택사항이 될 수 있을 것이다. 특허권 자체를 양수(assignment) 받는 것 외에, 특허권자가 권리의 보유를 유지하면서 사용에 대하여 허락을 하는 것이 특허 라이센스인데, 특허 라이센스는 크게 exclusive license와 non-exclusive license로 나눌 수 있다. 특허 라이센스가 exclusive인지, non-exclusive인지에 따라 문제가 되는 것은 라이센스를 받은 자의 sub-license 가능 여부, 특허침해에 대한 대응능력, 즉 "right to litigate" 등이다. Non-exclusive license에서 licensee는

계약 조항으로 특별히 규정하지 않는 한 right to litigate를 갖지 못한다. 이것은 미국 특허법상 non-exclusive license에 의하여 특허권에 대한 "all substantial rights"가 수여되었다고 보지 않기 때문이다.

중요한 것은, 특허 라이센스가 단순하게 계약서에 exclusive 또는 non-exclusive 라고 기재하는 것에 의하여 결정되는 것이 아니라, 계약의 구체적인 내용으로 어떠한 권리가 특허권자에게 남겨졌고, licensee에게는 어떠한 권리가 허락되었는지에 따라 결정된다는 점이다. 계약의 명칭을 exclusive license로 한 다음 특허권자에게 제한적이나마 특허의 사용에 관한 권리, 가령 "limited right to make, use, and distribute products covered by the patents"의 허락이 있었다면, 해당 계약에 의한 exclusive licensee는 특허침해 소송을 제기할 권리가 없다고 본다. 왜냐하면, standing to sue는 특허권에 대한 all substantial rights를 보유한 자만 가능한데, 특허권자에게 일부의 권리를 남겨두었기 때문이다. 특허 라이센스 계약을 통하여 licensee는 적어도 다음의 두 가지는 필수적으로 허락을 받아야만 특허침해에 대하여 스스로 소송을 제기함으로써 자신의 권리를 보호할 수 있다.

a. 특허권의 존속기간 전체에 걸쳐 모든 분야(all fields of use)에 있어서, 온전하게 특허를 실시할 권리
b. 특허 권리행사에 대한 제한 없는 권리(unfettered right)

특허 라이센스 계약 체결 과정은 이처럼 관련된 법률적 이슈가 다양하고, 거기에 더하여 양측이 자신에게 유리한 조건으로 이끌어 가기 위한 협상 skill 또한 필요한 측면이 있으므로 반드시 전문가(변호사)와 긴밀하게 협조할 것을 추천한다.

## Standing to Sue

35 U.S.C. §281은 특허권자는 권한 없는 자의 특허침해에 의하여 자신이 입은 손해를 민사소송을 제기하여 보전할 수 있다고 규정하였다. §100(d)는 patentee에 대하여, 비단 특허권자뿐만 아니라 successor in title, 즉 특허권을 승계한 자도 해당하는 것으로 규정하였다. Diamond Coating 사건에서 연방항소법원은, 특허침해소송을 제기할 수 있는 자, 즉 특허침해소송의 standing to sue에 대하여 판결하였다.

Diamond Coating은 US6,066,399와 US6,354,008을 인용하여 Hyundai Motor America에 특허침해소송을 제기하였는데, 인용특허는 Sanyo Electric을 특허권자로 하였다가, Diamond Coating과 patent assignment & transfer agreement를 체결하여 이전되었다. 재판부는 standing to sue 요건 충족을 위하여 특허에 대한 "all substantial rights"를 이전받은 자여야 하는데 이것은 다음의 세 가지 중 어느 하나로 충족된다고 하였다:

(1) an entire exclusive patent right,
(2) an undivided interest in the patent rights, or
(3) the entire exclusive right within any geographical region of the United States.

특히 2가지, 즉 "exclusive right to make, use, and sell"과 "the nature and scope of the [patentee's] retained right to sue accused infringers"를 양수하였는지가 중요한 고려사항이라고 하였다. 재판부는, 계약상

(1) Sanyo가 제한적인 범위에서 특허 사용권리를 유보하였고,
(2) patent licensing 또는 litigation에 대한 통제권을 Sanyo가 갖는 것으로 규정하였으므로,

Diamond가 all substantial rights를 양수받은 자로 볼 수 없다고 하면서, Diamond Coating 단독으로(Sanyo의 소송 참가 없이) 제기한 특허소송을 각하 판결하였다. *Diamond Coating Technologies, LLC v. Hyundai Motor America,* 823 F.3d 615 (Fed. Cir. 2016)

## (7) Litigation Hold

회사가 경고장을 수령하였다면, 특허 전담조직(법무팀)은 경고장의 내용과 관련된 제품의 개발자, 관련 특허를 검토한 이력이 있는 특허담당자, 특허가 채용된 제품의 영업/마케팅 담당자 및 주요임원(연구소장 등)을 대상으로 특허소송의 가능성을 알리면서, 장차 특허소송 관련 자료의 수정, 훼손 또는 폐기를 금지한다는 보존(hold)의 의무를 고지하고 그에 따른 구체적인 의무 이행방법을 서면으로 통지하는데, 이것이 litigation hold이다. 경고장의 대응을 위하여 법률대리인이 선임된 경우라면, 해당 대리인에 의하여 litigation hold를 명령할 수도 있다.

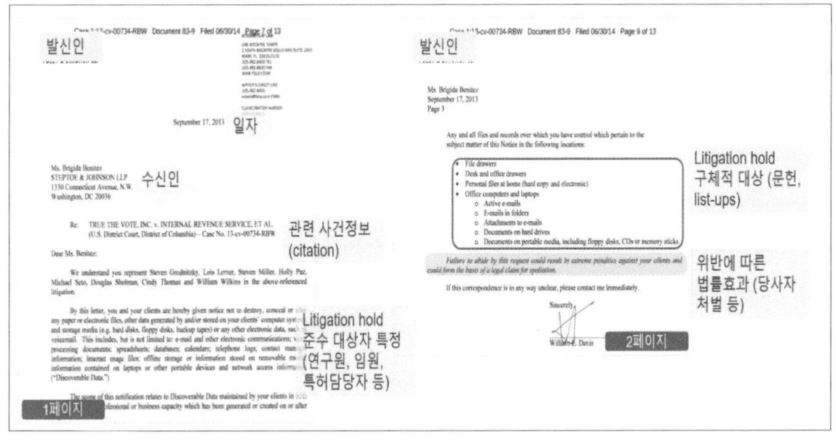

Case 1:13-cv-00734-RBW Document 83-9 Filed 06/30/14 Page 7 of 13

September 17, 2013

Ms. Brigida Benitez
STEPTOE & JOHNSON LLP
1330 Connecticut Avenue, N.W.
Washington, DC 20036

Re: TRUE THE VOTE, INC. v. INTERNAL REVENUE SERVICE, ET AL.
(U.S. District Court, District of Columbia) – Case No. 13-cv-00734-RBW

Dear Ms. Benitez:

We understand you represent Steven Grodnitzky, Lois Lerner, Steven Miller, Holly Paz, Michael Seto, Douglas Shulman, Cindy Thomas and William Wilkins in the above-referenced litigation.

By this letter, you and your clients are hereby given notice not to destroy, conceal or … any paper or electronic files, other data generated by and/or stored on your clients' computer sys… and storage media (e.g. hard disks, floppy disks, backup tapes) or any other electronic data, such … voicemail. This includes, but is not limited to: e-mail and other electronic communications; w… processing documents; spreadsheets; databases; calendars; telephone logs; contact man… information; Internet usage files; offline storage or information stored on removable m… information contained on laptops or other portable devices and network access informa… ("Discoverable Data.")

The scope of this notification relates to Discoverable Data maintained by your clients in … …fessional or business capacity which has been generated or created on or after

Case 1:13-cv-00734-RBW Document 83-9 Filed 06/30/14 Page 9 of 13

Ms. Brigida Benitez
September 17, 2013
Page 3

Any and all files and records over which you have control which pertain to the subject matter of this Notice in the following locations:

- File drawers
- Desk and office drawers
- Personal files at home (hard copy and electronic)
- Office computers and laptops
  - Active e-mails
  - E-mails in folders
  - Attachments to e-mails
  - Documents on hard drives
  - Documents on portable media, including floppy disks, CDs or memory sticks

*Failure to abide by this request could result in extreme penalties against your clients and could form the basis of a legal claim for spoliation.*

If this correspondence is in any way unclear, please contact me immediately.

Sincerely,

William E. Davis



Litigation hold 작성 사례

Litigation hold는 사내 문서 보존연한, 이메일의 정기적 폐기 정책 등과 배치(conflict)되는 수가 있는데, 이때 litigation hold가 우선한다. 국내 대기업 중에는 일정 기간, 가령 3개월을 주기로 사내 이메일을 자동 삭제하도록 시스템을 구성하기도 하니, 특허담당자는 관련 조직과 협의하여 삭제일정을 조정하거나 중단하는 등의 조치를 취해야 한다. Litigation hold를 위반하여 문서를 훼손하거나 삭제한 경우에는 특허소송 중 discovery에서 spoliation으로 판단될 수 있는데, 재판부는 사안의 심각 정도를 검토하여 그에 따른 처분, 즉 징벌금을 부과하거나, adverse inference를 할 수 있고, 경우에 따라서는 default judgment를 판결할 수도 있다.

## Litigation Hold

a. 증거의 훼손(spoliation)이란, 소송 중 또는 소송을 충분히 예견 가능한 상황에서 destruction(파손), significant alteration(중대한 변경), 또는 preservation(타인의 사용을 위한 자산 보전)의 실패로 정의되며, 원칙적으로 증거를 훼손한 자는 그러한 행위에 의하여 이익을 향유할 수 없다. West 사건에서 재판부는, discovery 명령 전이라도 일방의 증거 훼손이 있었다면, 이에 대하여 FRCP §37(b)에 근거한 sanction을 부과할 수 있다고 판결하였다. 이것은 재판부가 재판에 대하여 가지는 재량(inherent power to control litigation)에 근거하는 것이다. 다만, 재판부가 sanction을 부과하기 위한 목적은 다음의 세 가지여야 한다고 하였다:

(1) deter parties from engaging in spoliation,
(2) place the risk of an erroneous judgment on the party who wrongfully created the risk, and
(3) restore the prejudiced party to the same position he would have been in absent the wrongful destruction of evidence by the opposing party. *West v. Goodyear Tire & Rubber Co.,* 167 F.3d 776 (1999)

b. 소송이 합리적으로 예견되면, 사내 문서 보존정책 등에도 불구하고 litigation hold를 발동하여 해당 문서(증거)의 삭제를 중지하여야 한다. Zubulake 사건에서 재판부는, 소송이 예견되는 상황에서 소송 관련 문서가 저장된 backup tape가 litigation hold의 대상인지 판결하였다. 재판부는 우선, spoliation이 되기 위하여 다음의 3가지 요건이 필요하다고 하였다:

(1) a duty to preserve the evidence,
(2) destruction with a culpable state of mind, and
(3) that the evidence was relevant.

재판부는 UBS Warbug의 본 사건 관련 종업원이 backup tape에 소송 관련 email이 저장되어 있음을 인지하였으면서도 사내 문서 보존정책에 따라 backup tape를 재사용하여 해당 email을 삭제하였으므로, 상기 spoliation 요건이 성립되었다면서, duty to preserve 불이행에 따른 sanction을 부과하였다. *Zubulake v. UBS Warburg LLC,* 220 F.R.D. 212 (S.D.N.Y. 2003)

# III

# 특허침해소송의 접수와 대응

# 1. 미국 특허소송 개요

## (1) 미국 특허소송 절차

특허권자의 소장(complaint) 제출로 특허침해소송은 시작된다. 특허소송은

a. (1단계) 양측의 특허소송의 형식적 요건에 대한 공방(소장 제출, 피고의 답변, motion to transfer/stay)과 사건 진행일정 협의(case management conference Case Management Conference, CMC) 후,
b. (2단계) discovery Discovery 및 Markman hearing 착수,
c. (3단계) Markman hearing 완료에 따른 재판부의 claim construction 발행,
d. (4단계) Summary judgment 및 Trial 순서로 진행된다.

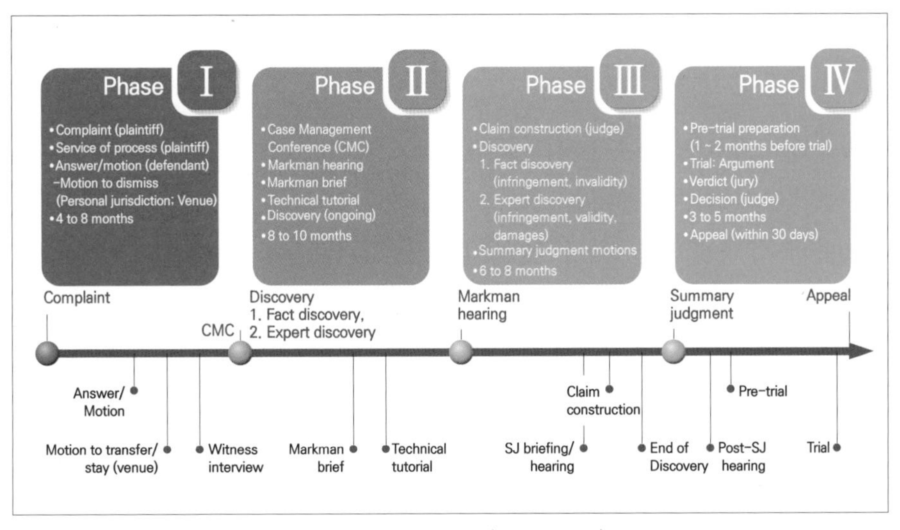


미국특허소송 절차 (Trial Court)

특허소송의 90% 이상은 사건 초기에 합의로 종결되며, 5% 미만이 최종단계인 판결까지 진행된다. 평균 소송 기간은 2.4년으로, 이는 사건의 복잡성, 재판지의 local rule, 재판부의 성향(discretion) 등에 따라 기간이 달라지는 것으로 알려져 있다. 그 이유를 생각해보면 다양하겠으나, 우선 미국 특허소송을 대리하는 법률비용이 고액인 데다, discovery와 Markman hearing을 완료하는 시점에서 양측은 특허침해 사실에 대한 증거와 인용특허의 보호 범위에 대하여 어느 정도는 명확하게 인지할 수 있으므로, 굳이 법원에 의한 최종 판결까지 진행하지 않을 수 있을 것이다.

법률비용 측면에서는, 특히 discovery와 Markman hearing이 진행되는 2, 3단계의 법률비용이 전체의 절반 가량을 차지하므로, 특허 담당자는 사건 초기 인용특허 대비 당사 제품의 특허침해 여부, 특허침해소송에 대한 금전적/인적 측면의 가용 자원 현황, 특허소송에 의한 수출기업으로서의 사업적 평판 하락, 경영진의 의도 등을 신속하게 파악하여 특허소송을 어느 방향으로 진행할 것인지 결정하는 것이 필요하다.

## (2) Patent Local Rules

미국 특허소송은 민사소송으로서, 절차에 관하여 연방민사소송규칙(Federal Rule of Civil Procedure, FRCP)을 따른다. 즉, 특허소송이 어느 연방지방법원(Federal trial court)에 제기되든지, 그 절차에 관하여는 FRCP를 따르므로 동일한 진행이 되어야 한다. 그런데, 각 주에 위치한 trial court는 연방판사가 주관하는 재판부별로 각자의 규칙(local rule)을 가지는 경우가 대부분이다.

Patent local rule(PLR)이란 특허침해소송에 관하여 재판부가 특별히 정한 절차에 관한 규정이다. 특허소송은 FRCP에 따라 진행되므로, PLR은 FRCP를 보충하거나, 또는 변경하는 것이 일반적이다. 경우에 따라서는 venue state의 civil local rules에 대한 변경을 가하거나, case law를 명문화하는 식으로 patent local rule을 정하기도 한다.

CAFC는 이러한 patent local rule에 대하여 일관되게 합법이라고 판결하고 있다. 이것은 Federal district court의 case management discretion에 근거하는 것이며, O2 Micro Int'l 사건에서는 local rule(Northern District of California)에 따라 특허소송 초기에 infringement와 invalidity에 대한 양측의 반론을 제출해야 하는 것으로 규정하였는데, O2 Micro는 그러한 규정이 적법하지 않다고 주장하였다. 이에 CAFC 재판부는 다음과 같이, 해당 규정이 새로운 증거의 탐구 측면과 법률 이론적 확실성 간의 조화를 이루기 위한 것이라고 하면서, O2 Micro 주장을 배척하였다:

> The local patent rules in the Northern District of California are designed to address this problem by requiring both the plaintiff and the defendant in patent cases to provide early notice of their infringement and invalidity contentions, and to proceed with diligence in amending those contentions when new information conies to light in the course of discovery. The rules thus seek to balance the right to develop new information in discovery with the need for certainty as to the legal theories. *O2 Micro International v. Monolithic Power Sys,* 467 F.3d 1355 (Fed. Cir. 2006)

District court는 PLR을 명문화함으로써 주의 모든 division에 동일한 효력을 미치게 할 수도 있고, division의 재판부가 별도의 효력을 갖는 PLR을 규정할 수도 있다. 가령, Northern District of California는 2000년 PLR을 규정하면서, N.D. Cal. courts 모두 해당 PLR을 적용하도록 하였고, Western District of Texas(WDTX)는 각 division별로 상이한 standing order를 적용하도록 하였다.

O2 Micro 사건에서 CAFC는 PLR을 "essentially a series of case management orders"라고 하였다. 이것은 특허소송 중 특허의 기재사항이나 claim construction에

관한 증거 제출의 시한과 요건을 포함하기 때문이다. 재판부가 PLR을 규정하는 이유 중 하나는 복잡한 특허소송 절차상의 특성에 대하여 FRCP를 보충하거나 보완하는 식으로 세부적인 기준과 기한을 마련함으로써 특허소송에 대한 예견 가능성을 증진하기 위한 것이라고 한다.

## Disclosure of Litigation Funding Information

a. Delaware District Court는 Third-Party Litigation Funding Arrangements를 발행하여, 특히 NPE를 대상으로 특허소송비용 모금 관련 정보를 법원에 제출하도록 하는 Standing Order를 발행하였다.

b. In re Nimitz 사건 재판부는, 원고(Nimitz, NPE)의 writ of mandamus를 기각하였는데, 1심 재판부는 NPE인 Nimitz에 대하여 특허소송비용 모금의 출처와 corporate relationship 일체에 관한 정보를 제출할 것을 명령하였다. 이에, NPE인 Nimitz는 해당 정보가 소송과는 무관한 것으로써 1심 재판부가 해당 정보의 공개를 명령하는 것은 "unlawful inquisition to pursue irrelevant issues"라고 하면서, 이것은 재판부의 재량의 범위를 넘는 것이라고 주장하였다. CAFC는 1심 재판부의 재량에 의한 Nimitz의 litigation funding 정보 공개 명령이 "drastic and extraordinary" nature of mandamus relief의 적용 대상이 안 된다고 하면서, Nimitz의 주장을 배척하였다. *In re Nimitz Techs.,* No. 2023-103 (Fed. Cir. Dec. 8, 2022)

그러므로, 일단 당사에 특허소송이 제기되면 특허담당자는 특허대리인을 선정함에 있어서, 특허소송이 제기된 주의 local law firm과 연계하여 특허 사건을 대리할 수 있는 곳으로 선정하는 것이 필요하고, 선정된 특허대리인을 통하여 사건을 담당할 재판부의 성향과 함께, Standing Order 중 특허 사건에 관한 것, 가령 Standing Order governing proceedings - patent cases의 검토를 요청하는 것이 필요하다.

UNITED STATES DISTRICT COURT FOR THE
NORTHERN DISTRICT OF ILLINOIS

## LOCAL PATENT RULES

### PREAMBLE

These Local Patent Rules provide a standard structure for patent cases that will permit greater predictability and planning for the Court and the litigants. These Rules also anticipate and address many of the procedural issues that commonly arise in patent cases. The Court's intention is to eliminate the need for litigants and judges to address separately in each case procedural issues that tend to recur in the vast majority of patent cases.

The Rules require, along with a party's disclosures under Federal Rule of Civil Procedure 26(a)(1), meaningful disclosure of each party's contentions and support for allegations in the pleadings. Complaints and counterclaims in patent cases often need discovery to flesh out the basis for each party's contentions. The Rules require the parties to provide the particulars behind allegations of infringement, non-infringement, and invalidity at an early date. Because Federal Rule of Civil Procedure 11 requires a party to have factual and legal support for allegations in its pleadings, early disclosure of the basis for each side's allegations will impose no unfair hardship and will benefit all parties by enabling a focus on the contested issues at an early stage of the case. The Rules' supplementation of the requirements of Rule 26(a)(1) and other Federal Rules is also appropriate due to the various ways in which patent litigation differs from most other civil litigation, including its factual complexity; the routine assertion of counterclaims; the need for the Court to construe, and thus for the parties to identify, disputed language in patent claims; and the variety of ways in which a patent may be infringed or invalid.

The initial disclosures required by the Rules are not intended to confine a party to the contentions it makes at the outset of the case. It is not unusual for a party in a patent case to learn additional grounds for claims of infringement, non-infringement, and invalidity as the case progresses. After a reasonable period for fact discovery, however, each party must provide a final statement of its contentions on relevant issues, which the party may thereafter amend only "upon a showing of good cause and absence of unfair prejudice, made in timely fashion following discovery of the basis for the amendment." LPR 3.4.

The Rules also provide a standardized structure for claim construction proceedings, requiring the parties to identify and exchange position statements regarding disputed claim language before presenting disputes to the Court. The Rules contemplate that claim

Local Patent Rules(Northern District of Illinois)

IN THE UNITED STATES DISTRICT COURT
FOR THE DISTRICT OF DELAWARE

STANDING ORDER REGARDING
THIRD-PARTY LITIGATION FUNDING ARRANGEMENTS

At Wilmington on this Eighteenth day of April in 2022, it is HEREBY ORDERED in all cases assigned to Chief Judge Connolly where a party has made arrangements to receive from a person or entity that is not a party (a "Third-Party Funder") funding for some or all of the party's attorney fees and/or expenses to litigate this action on a non-recourse basis in exchange for (1) a financial interest that is contingent upon the results of the litigation or (2) a non-monetary result that is not in the nature of a personal loan, bank loan, or insurance:

1. Within the later of 45 days of this Order or 30 days of the filing of an initial pleading or transfer of the matter to this District, including the removal of a state action, the party receiving such funding shall file a statement (separate from any pleading) containing the following information:

a. The identity, address, and, if a legal entity, place of formation of the Third-Party Funder(s);

b. Whether any Third-Party Funder's approval is necessary for litigation or settlement decisions in the action, and if the answer is in the affirmative, the nature of the terms and conditions relating to that approval; and

c. A brief description of the nature of the financial interest of the Third-Party Funder(s).

2. Parties may seek additional discovery of the terms of a party's arrangement with any Third-Party Funder upon a showing that the Third-Party Funder has authority to make material litigation decisions or settlement decisions, the interests of any funded parties or the class (if applicable) are not being promoted or protected by the arrangement, conflicts of interest exist as a result of the arrangement, or other such good cause exists.

3. Nothing herein precludes the Court from ordering such other relief as may be appropriate.

Chief Judge

Litigation Funding 정보 공개 명령(Standing Order, District of Delaware)

## (3) Jurisdiction

특허침해의 cause of action은 35 U.S.C. 즉, 연방법률에 근거하므로 28 U.S.C. §1338 규정에 따라 subject matter jurisdiction은 Federal Court에 있다. Personal jurisdiction은 원고가 소송을 제기한 주의 법원 재판부가 해당 주 외에 거주하는 피고를 소환하여 재판을 수행할 수 있는 권한이다. 법원은 특허침해소송의 당사자인 피고에 대하여 personal jurisdiction을 가져야만 하는데, 이를 위하여 피고는 법원이 위치한 주, 즉 forum state에 대하여 minimum contacts를 가져야 한다.

특히, 특허침해소송은 특허침해 제기 제품의 판매 행위가 연관되어 있으므로, personal jurisdiction의 stream of commerce 이론이 중요하다. 즉, minimum contacts는 피고가 자신의 특허침해 제기 제품을 고객에게 판매할 기대와 함께 stream of commerce로 끌어들이는 것에 의하여 충족된다. 이것이 피고의 incorporated or regular and established place of business 요건이다. FRCP에 따르면 외국기업에 대한 연방지방법원의 personal jurisdiction이 충족되기 위해서는 state long-arm statute에서 피고에 대한 소장의 전달, 즉 summon to venue를 허락하고, 헌법에서 정한 due process에 위반되지 않아야 한다. Supreme Court는 due process에 대하여 (1) non-resident의 forum state와의 minimum contacts 및 (2) 피고 소환에 있어서 traditional notions of fair play and substantial justice가 지켜져야 한다고 판결하였다. *International Shoe Co. v. Washington,* 326 U.S. 310 (1945)

따라서, 당사에 특허침해소송이 제기되면 특허담당자는 관련 조직과 협력하여 미국에서의 매출 현황, 관련 영업/마케팅 활동 및 협력사(미국지사, 자회사, distributor, agent 등) 활동을 파악하는 것이 필요하다.

## (4) Patent Venue

앞서, 특허침해소송은 35 U.S.C.에 근거한 소송으로 Federal district court에서 subject matter jurisdiction을 갖는다고 설명하였다. 그런데, 미국 도처에 퍼져있는 수많은 법원 중 어느 법원에서 사건이 진행될 것이냐는 당사자로서는 중요한 사항이다. 이것이 patent venue인데, 연방법 소송에 관한 venue 일반조항인 28 U.S.C. §1391과는 별개로 특허에 대한 소송의 venue에 관한 사항은 28 U.S.C. §1400(b)에서 다음과 같이 정하고 있다:

a. in the judicial district where the defendant resides, or
b. where the defendant has committed acts of infringement and has a regular place of business.

여기서 특히, 피고가 기업인 경우는 기업이 거주하는(resides) district가 어디냐가 문제될 수 있다. 왜냐하면, §1400(b)는 기업의 거주지의 의미를 따로 정의하고 있지 않기 때문이다.

1957년 Supreme Court는 Fourco Glass Co. 사건에서 기업이 거주하는 장소는 기업이 설립된 주만으로 한정한다고 판결하면서, 다음과 같이 특허에 관한 사건에서는 §1391(c)를 적용할 수 없다고 하였다:

> We hold that 28 U.S.C. §1400(b) is the sole and exclusive provision controlling venue in patent infringement actions, and that it is not to be supplemented by the provisions of 28 U.S.C. §1391(c). *Fourco Glass Co. v. Transmirra Products Corp.*, 353 U.S. 222 (1957)

그런데, 1988년 Congress는 §1391을 개정하면서 §1391(d)에 "본 chapter에서 정하는 모든 venue에 관하여 적용"된다고 하였다. 즉, §1391과 §1400 모두 28 U.S.C.의 "Chapter 87"에 속하므로, CAFC는 §1391의 내용이 §1400에도 적용되는 것으로 해석하기 시작했다. 즉, CAFC는 Congress의 1988년 법 개정으로 Supreme Court의 Fourco 판결을 뒤집고 §1400에서 정하는 특허소송 venue의 범위를 확장한 것으로 이해한 것이다. *VE Holding Corp. v. Johnson Gas Appliance Co.*, 917 F.2d 1574 (Fed. Cir. 1990) Congress는 2011년 §1391을 한 번 더 개정하였는데, "For purposes of venue under this chapter"를 "For all venue purposes(모든 venue에 관하여)"로 수정하였고, "본 조항은 Federal district court에 제소되는 모든 civil action의 venue를 정한다."고 명시하였다.

2015년 Kraft가 TC Heartland를 상대로 제기한 특허침해소송에서, TC Heartland는 자신은 소가 제기된 Delaware 주에서 영업허가를 받지도 않았고 영업행위를 한 적도 없다면서 사건을 Southern District of Indiana로 이송할 것을 청구하였다. TC Heartland는 특히, 2011년 법 개정으로 §1391(c)가 더 이상 특허침해소송에 적용되지 않으며, 그에 따라 Fourco 판례와 상충하는 VE Holding 판결은 파기되어야 한다고 주장하였다. Supreme Court는 특허침해소송의 venue를 28 U.S.C. §1400(b)와 Fourco 판결에 근거하여, (1) resides or place of incorporation, or (2) regular and established place of business 중 하나여야 한다고 판결하였다. 그에 따라, CAFC의 VE Holding 판결에 따른 venue 기준, 즉 "anywhere the defendant does its business"는 파기되었다. *TC Heartland LLC v. Kraft Foods Group Brands LLC,* 137 S. Ct. 1514 (2017)

그러나, TC Heartland 사건에서 Supreme Court는 피고가 외국기업인 경우에 대하여는 정한 바가 없는데, 이것을 정한 판결이 In re HTC Corp. 판결이다. 즉, 다음과 같다:

> In a patent infringement action, venue would lie against an alien corporation in any district, as "alien defendants are outside the operation of the federal venue laws."

HTC는 일방의 convenience of parties and witnesses, 즉 소송 진행상의 편리함을 근거로 motion to dismiss for improper venue under Rule 12(b)(3)을 청구하였는데, 재판부는 해당 motion을 받아들여 venue를 변경하더라도 외국기업인 이상 소송 진행상의 편리함이 증진될 가능성이 극히 낮다고 하였다. *In re HTC Corp.,* 889 F.3d 1349 (Fed. Cir. 2018)

최근 통계에 따르면, TC Heartland 사건 이후로 Eastern District of Texas에서의 특허침해소송 건수가 급감하였고, 대신 기업의 headquarter가 다수 위치한 District of Delaware에서의 소송 건수가 증가하였다. 이는 위에서 살펴본 patent venue 관련 규정에 근거하여, 소송 초기 피고가 재판지 이송 신청을 제기할 가능성에 원고가 미리 대비하는 것인데 통상, 피고의 위치에 서게 되는 한국기업으로서는 이러한 경향이 바람직한 측면이 있다. 또한, 우리 회사가 특허소송을 제기 받을 경우, 법률대리인과 함께 피고에게 유리한 절차, 재판부와 배심원 성향을 파악하여 재판지 이송 신청을 고려해 보는 것이 필요하다.

## (5) Jury Trial

특허침해소송의 당사자는 jury trial을 신청할 수 있는데, 이것은 수정헌법 제7조(7th Amendment)에 의하여 배심원 재판을 국민의 권리로 보장하고 있기 때문이다. 통계에 따르면, 특허침해로 인정되거나, 특허침해로 판결되었을 때 손해배상액의 규모에 있어서 jury trial에 의한 판단 시 그 확률과 규모가 큰 것으로 알려진 데다가, 배심원의 결정사항(verdict)에 대하여 특별한 흠결이 없는 경우 재판부는 이를 확정하는 판결, 즉 decision을 내리기 때문에, 특허권자로서는 특허침해소송을 제기하면서 jury trial을 신청하는 것이 일반적이다.

특허소송에서 어떠한 사안이 questions of law이면 이것의 판단은 judge가, questions of fact이면 이것의 판단은 jury가 하는 것으로 정하고 있다. 가령, claim construction은 명세서 기재사항, 심사경과 등 내부적 증거를 참작하여 청구항 용어의 의미를 정하는 것으로 question of law이므로 판사의 결정사항이다. 다만, 명세서 기재사항과 심사경과 만으로는 그 의미가 확정되지 못하여, expert testimony 등 외부적 증거를 참작하였다면 그 부분에 대하여는 question of fact가 된다. 한편, 특허침해의 판단은 침해 제기제품이 특허청구항에의 포함 여부를 결정하는 것으로 배심원의 판단사항이다. 손해배상액의 결정도 question of fact인데, 특허권자(원고)가 손해배상의 형식 – reasonable royalty v. lost profits – 을 결정하면, 재판부는 손해배상액의 산정방법을 정한 후, jury instruction을 통하여 배심원에게 손해배상액을 산정하도록 하는 식이다. 다만, 고의침해에 의한 배상액의 증액은 재판부의 재량사항이다.

배심원 재판은 의무사항은 아니므로, 특허권자는 특허침해소송을 제기하면서 이를 신청하여야 하고, 피고도 배심원 재판을 신청할 수 있다. 특허권자가 특허침해에 의한 자신의 손해를 어떠한 사유로 금전적 보상(damages)이 아닌 특허침해행위의 금지(injunctions)만을 청구할 경우는 jury trial로 될 수 없다. 이것은 trial by jury의 권리가 7th Amendment에 의한 것이기 때문이다.

7th Amendment는 배심원에 의하여 판단된 사항에 대하여는 항소심 재판부가 다시 판단할 수 없도록 하고 있는데, 이에 대한 예외로 1심 재판 중 "Judgment notwithstanding the verdict(JNOV) motion"을 청구한 후 1심 재판부에 의하여 기각된 경우라면 2심 재판부가 특단의 사정, 가령 insufficient evidence presented to the jury가 있는 때에는 재심할 수 있다.

재판부는 jury instruction을 통하여 배심원에게 판단하여야 할 사항의 가이드라인을 제시하는데, 특허침해 판단방법, 손해배상액의 산정 기준 등 그 분량이 상당하다.

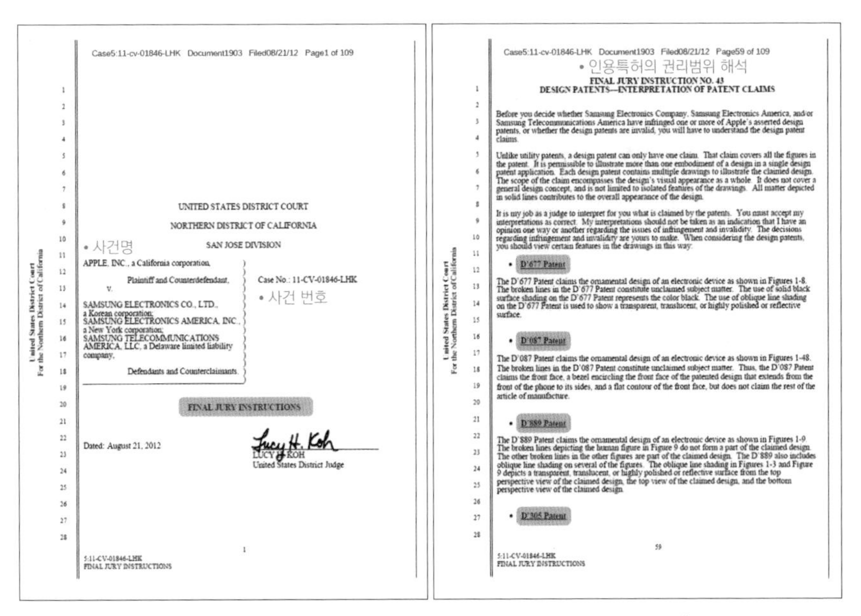

Case5:11-cv-01846-LHK Document1903 Filed08/21/12 Page1 of 109

United States District Court
For the Northern District of California

UNITED STATES DISTRICT COURT

NORTHERN DISTRICT OF CALIFORNIA

SAN JOSE DIVISION



APPLE, INC., a California corporation,

Plaintiff and Counterdefendant,

v.

SAMSUNG ELECTRONICS CO., LTD., a Korean corporation; SAMSUNG ELECTRONICS AMERICA, INC., a New York corporation; SAMSUNG TELECOMMUNICATIONS AMERICA, LLC, a Delaware limited liability company,

Defendants and Counterclaimants.

Case No.: 11-CV-01846-LHK



FINAL JURY INSTRUCTIONS

Dated: August 21, 2012

LUCY H. KOH
United States District Judge

1

5:11-CV-01846-LHK
FINAL JURY INSTRUCTIONS

Case5:11-cv-01846-LHK Document1903 Filed08/21/12 Page59 of 109



FINAL JURY INSTRUCTION NO. 43
DESIGN PATENTS—INTERPRETATION OF PATENT CLAIMS

Before you decide whether Samsung Electronics Company, Samsung Electronics America, and/or Samsung Telecommunications America have infringed one or more of Apple's asserted design patents, or whether the design patents are invalid, you will have to understand the design patent claims.

Unlike utility patents, a design patent can only have one claim. That claim covers all the figures in the patent. It is permissible to illustrate more than one embodiment of a design in a single design patent application. Each design patent contains multiple drawings to illustrate the claimed design. The scope of the claim encompasses the design's visual appearance as a whole. It does not cover a general design concept, and is not limited to isolated features of the drawings. All matter depicted in solid lines contributes to the overall appearance of the design.

It is my job as a judge to interpret for you what is claimed by the patents. You must accept my interpretations as correct. My interpretations should not be taken as an indication that I have an opinion one way or another regarding the issues of infringement and invalidity. The decisions regarding infringement and invalidity are yours to make. When considering the design patents, you should view certain features in the drawings in this way:

- D'677 Patent

The D'677 Patent claims the ornamental design of an electronic device as shown in Figures 1-8. The broken lines in the D'677 Patent constitute unclaimed subject matter. The use of solid black surface shading on the D'677 Patent represents the color black. The use of oblique line shading on the D'677 Patent is used to show a transparent, translucent, or highly polished or reflective surface.

- D'087 Patent

The D'087 Patent claims the ornamental design of an electronic device as shown in Figures 1-48. The broken lines in the D'087 Patent constitute unclaimed subject matter. Thus, the D'087 Patent claims the front face, a bezel encircling the front face of the patented design that extends from the front of the phone to its sides, and a flat contour of the front face, but does not claim the rest of the article of manufacture.

- D'889 Patent

The D'889 Patent claims the ornamental design of an electronic device as shown in Figures 1-9. The broken lines depicting the human figure in Figure 9 do not form a part of the claimed design. The other broken lines in the other figures are part of the claimed design. The D'889 also includes oblique line shading on several of the figures. The oblique line shading in Figures 1-3 and Figure 9 depicts a transparent, translucent, or highly polished or reflective surface from the top perspective view of the claimed design, the top view of the claimed design, and the bottom perspective view of the claimed design.

- D'305 Patent

59

5:11-CV-01846-LHK
FINAL JURY INSTRUCTIONS

Final Jury Instructions(Apple v. Samsung, 2012.8)

## (6) Expert Testimony

특허소송 중 expert witness, 즉 전문가는 testimony 형식으로 claim construction, infringement, invalidity 및 damages 등에 관여한다. 전문가는 어느 일방 당사자로부터 독립되어 있어야 하고 객관성을 갖춰야 한다. 즉, 전문가의 임무는 어느 일방 당사자를 옹호하기 위한 것이 아니고, 재판부를 향한 것이다. 특허소송이 jury trial인 만큼, 소송 진행 과정 곳곳에서 expert testimony를 통하여 jury가 갖지 못한 경험 내지 지식을 보완한다. 재판부는 trial 직전에 일방의 motion에 의하여 expert testimony의 증거 인정 여부를 결정한다. Federal Rules of Evidence §702에는 다음과 같이 expert testimony에 대하여 규정하고 있다:

> (a) the expert's scientific, technical, or other specialized knowledge will help the trier of fact to understand the evidence or to determine a fact in issue,
>
> (b) the testimony is based on sufficient facts or data,
>
> (c) the testimony is the product of reliable principles and methods, and
>
> (d) the expert has reliably applied the principles and methods to the facts of the case.

이러한 일방의 expert testimony 제출에 대하여 반대의 motion을 제출하는 것을 Daubert challenge라고 한다. *Daubert v. Merrell Dow Pharmaceuticals, Inc.*, 509 U.S. 579 (1993)

## 2. 소송대리인의 선정

미국 특허소송을 진행함에 있어서, 법률비용은 기업에게 부담이 큰 만큼 소송대리인을 선정함에 있어서 비용은 중요한 고려사항이다. 통상, 로펌의 인적 구성원이 많을수록, 대도시에 위치한 로펌일수록 hourly rate는 높아진다. 한 자료에 따르면, 변호사의 수에 따라 10인 미만인 로펌 대비 100인 이상인 로펌의 hourly rate는 약 1.7배이다. (IP partner billing rates by size of firm, AIPLA, 2013) 법률비용을 계산하는 방식도 다양한데, 사용 시간에 따른 계산(hourly billing), 사건 또는 단계별 고정비용 방식(fixed fees), 승소 시 성공보수 지급 방식(contingent fees) 등이 있다.

특허담당자는 소장의 접수와 함께 신속하게 소송대리인을 선정해야 하는데, 복수의 소송대리 제안서(request for proposal)를 받은 후 사건 대리비용과 함께,

a. 인용특허의 기술 분야의 대리 경험,
b. 재판지에서의 대리 경험,
c. 쌍방대리 이슈의 존재 여부 등

을 중심으로 제안서를 검토하여 선정하는 것이 필요하다. 특히, 당해 사건에 대한 대응 전담팀을 구성하는 로펌인 경우, primary lawyer는 누구인지 확인하는 것이 필요하다. 왜냐하면, 전담팀에는 통상 상위 파트너급 변호사를 포함하여 파트너급 변호사 및 소속 변호사(associate)가 포함되는데, 특허소송이 진행되는 장기간 특허담당자로서는 primary lawyer와 긴밀한 접촉을 해야 하기 때문에, 적어도 당사 특허소송의 재판지와 기술분야에서, 당사와 유사한 입장, 가령 동일한 규모의 외국기업을 피고인 상황에서 소송을 대리한 이력이 있는지 등을 확인하는 것이 좋겠다.

침해 제기제품에 의한 매출액으로부터 손해배상액이 결정되고, 예상 손해배상액에 따라 법률비용이 결정되는 구조이므로, 특허담당자는 사건 초기 특허침해에 따른 손해배상액을 계산해 보는 것이 필요하다. 이렇게 함으로써, 특허소송 대응전략, 즉 소송 초기에 협상을 진행하여 합의 종결할 것인지, 인용특허에 대한 무효화 절차(IPR)를 진행할 것인지, 또는 특허소송을 판결까지 진행할 것인지를 결정할 수 있을 것이다.

## Cost of Litigation

AIPLA는 매년 기업의 특허담당자를 대상으로 하는 설문조사를 통하여 실제 기업이 지출한 특허소송비용을 발표하는데, 이것이 "AIPLA Report of the economic survey"이다. 2021년 보고서상의 특허소송에 의한 손해배상액 규모에 따른 특허소송 단계별 법률비용은 다음과 같다.

| damages | (1단계) initial case management | (2단계) incl, discovery, motions, claim construction | (3단계) incl, pre/post-trial, appeal |
|---|---|---|---|
| $1M 미만 | 50,000 | 300,000 | 675,000 |
| $1M ~ $10M | 75,000 | 650,000 | 1,000,000 |
| $10M ~ $25M | 113,000 | 1,000,000 | 3,000,000 |
| $25M 초과 | 250,000 | 2,125,000 | 4,000,000 |

- (1단계) 특허소송 초기 소장의 검토를 통한 원고의 특허침해 주장과 그에 따른 청구의 내용을 파악한 다음, personal jurisdiction, venue, service 등에 근거한 초기 motion to dismiss 비용을 포함한다.
- (2단계) discovery, Markman hearing, summary judgment motion 및 각종 motion 비용을 포함한다. (수치는 median value)

# 3. Complaint

## (1) 소송의 접수

특허소송은 특허권자의 소장 제출로 시작되는데, 소를 제기 받은 자는 소장의 내용을 신속하고 면밀하게 검토하여 소송 대응전략을 마련하는 것이 필요하다. 통상, 특허침해소송의 소장에는 jurisdiction statement, statement of the claims, demand for judgment, demand for jury trial을 기재한다. Jury trial의 신청은 선택사항이다. 이 중 원고의 특허 및 특허침해 제품을 포함한 statement of the claims에 대한 검토를 시작하면 좋은데 우선, 인용특허의 권리변동사항 여부, 권리 만료일을 확인해야 한다. USPTO Patent center에서 연차료 납부현황을 확인할 수 있고, 특허심사 중 지연, 즉 delay에 의한 특허권 연장 기간도 확인할 수 있다. 35 U.S.C. §154(b)

### Patent Term Adjustment

특허법상 USPTO의 심사지연 때문에 특허등록이 늦어지는 경우, 특허출원인의 손해를 보상하기 위하여 특허권의 존속기간을 연장해 준다. 지연(delay)은 다음의 3가지가 있다:

1. A delays: 특허출원일로부터 14개월 이내에 최초 서면에 의한 office action의 발송, 출원인의 response 제출 후 4개월 이내에 그에 대한 OA 발송, issue fee 납부 후 4개월 이내에 특허등록 완료 등이 이뤄지지 않은 경우
2. B delays: 특허출원일로부터 3년 이내에 특허등록이 완료되지 않은 경우(3년은 USPTO의 특허심사에 소요되는 통상의 기간)
3. C delays: Secrecy order 또는 Interference가 발생한 경우(PTAB/CAFC에 항고하여 거절결정이 파기되는 경우 PTAB/CAFC 절차 기간)

상기의 A, B 및 C delays를 합산하여 PTA를 산출하는데 출원인의 delay, 가령

의견서 제출을 위한 기간 연장, IDS 제출상의 지연이 있는 경우는 그 날짜만큼 단축한다. 다만, 어떠한 사안이 USPTO의 delay인지, 아니면 출원인의 delay 인지에 대한 다툼이 많다.

- Sawstop 사건 재판부는, C delay에 의한 PTA는 appellate review 중 PTO 심사관의 거절이유에 대한 파기가 있어야 한다면서 다음의 2가지 요건이 필요하다고 하였다:

  (1) patent was issued under a decision in the review, and

  (2) reversing an adverse determination of patentability.

재판부는 US9,522,476의 claim 11은 심사관이 §103(non-obviousness) 위반으로 거절하였는데, PTAB은 심사관의 거절이유가 claim 11에 대한 prima facie case of obviousness를 적절히 설명하지 못하였다고 하면서도, claim 11은 prior art에 의하여 자명하다고 판결하였다. 이에, Sawstop은 claim 11에 대한 amendment와 함께 RCE를 신청하였고, claim 11 amendment는 결국 특허 등록되었다. 재판부는 C delay에 의한 PTA 적용을 받으려면, 최종 특허등록된 claim이 appellate review를 받은 claim과 실질적으로(substantially) 동일해야만 한다고 하면서, Sawstop의 C delay에 의한 PTA 청구를 기각하였다. *Sawstop Holding LLC v. Vidal*, No. 2021-1537 (Fed. Cir. Sept. 14, 2022)

소장에는 특허권자가 주장하는 특허침해 제기 제품과 침해 주장 사유 및 그에 따른 구제의 종류가 기재되어 있으므로, 특허담당자는 이러한 정보를 바탕으로 당사 매출을 분석하고 패소 시 피해 규모를 예측함으로써, 소송에 대한 대응 방향을 설정하는 것이 좋다. 가령, 특허소송의 예상 손해배상액이 증가할수록 특허소송 대리 법률비용이 증가하고, 법률비용 중 상당한 금액이 Case management conference 직후 시작되는 discovery 이후 발생하며, 합의에 의한 사건의 종결 시 합의금(settlement fee) 역시 예상 손해배상액으로부터 산정하는 것이 합리적이므로, 예상 손해배상액, 법률비용, 예상 합의금을 바탕으로 소송을 판결까지 진행할 것인지, 협상에 의하여 신속하게 종결할 것인지를 결정하기 위한 고려사항으로 활용할 수 있다.

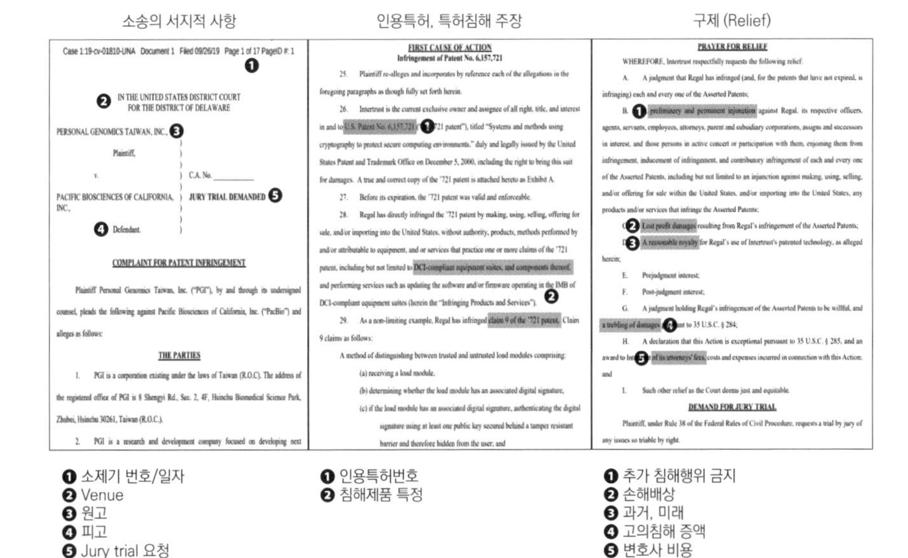

**소송의 서지적 사항**

Case 1:19-cv-01810-UNA Document 1 Filed 09/26/19 Page 1 of 17 PageID #: 1 ❶

❷ IN THE UNITED STATES DISTRICT COURT
FOR THE DISTRICT OF DELAWARE

PERSONAL GENOMICS TAIWAN, INC., ❸ )
Plaintiff, )
v. ) C.A. No. ________
PACIFIC BIOSCIENCES OF CALIFORNIA, INC., ) JURY TRIAL DEMANDED ❺
❹ Defendant. )

COMPLAINT FOR PATENT INFRINGEMENT

Plaintiff Personal Genomics Taiwan, Inc. ("PGI"), by and through its undersigned counsel, pleads the following against Pacific Biosciences of California, Inc. ("PacBio") and alleges as follows:

THE PARTIES

1. PGI is a corporation existing under the laws of Taiwan (R.O.C). The address of the registered office of PGI is 8 Shengyi Rd., Sec. 2, 4F, Hsinchu Biomedical Science Park, Zhubei, Hsinchu 30261, Taiwan (R.O.C.).

2. PGI is a research and development company focused on developing next

**인용특허, 특허침해 주장**

FIRST CAUSE OF ACTION
Infringement of Patent No. 6,157,721

25. Plaintiff re-alleges and incorporates by reference each of the allegations in the foregoing paragraphs as though fully set forth herein.

26. Intertrust is the current exclusive owner and assignee of all right, title, and interest in and to U.S. Patent No. 6,157,721 ("❶'721 patent"), titled "Systems and methods using cryptography to protect secure computing environments," duly and legally issued by the United States Patent and Trademark Office on December 5, 2000, including the right to bring this suit for damages. A true and correct copy of the '721 patent is attached hereto as Exhibit A.

27. Before its expiration, the '721 patent was valid and enforceable.

28. Regal has directly infringed the '721 patent by making, using, selling, offering for sale, and/or importing into the United States, without authority, products, methods performed by and/or attributable to equipment, and or services that practice one or more claims of the '721 patent, including but not limited to DCI-compliant equipment suites, and components thereof, and performing services such as updating the software and/or firmware operating in the IMB of DCI-compliant equipment suites (herein the "Infringing Products and Services"). ❷

29. As a non-limiting example, Regal has infringed claim 9 of the '721 patent. Claim 9 claims as follows:

A method of distinguishing between trusted and untrusted load modules comprising:

(a) receiving a load module,

(b) determining whether the load module has an associated digital signature,

(c) if the load module has an associated digital signature, authenticating the digital signature using at least one public key secured behind a tamper resistant barrier and therefore hidden from the user; and

**구제 (Relief)**

PRAYER FOR RELIEF

WHEREFORE, Intertrust respectfully requests the following relief:

A. A judgment that Regal has infringed (and, for the patents that have not expired, is infringing) each and every one of the Asserted Patents;

B. ❶ preliminary and permanent injunction against Regal, its respective officers, agents, servants, employees, attorneys, parent and subsidiary corporations, assigns and successors in interest, and those persons in active concert or participation with them, enjoining them from infringement, inducement of infringement, and contributory infringement of each and every one of the Asserted Patents, including but not limited to an injunction against making, using, selling, and/or offering for sale within the United States, and/or importing into the United States, any products and/or services that infringe the Asserted Patents;

C. ❷ Lost profit damages resulting from Regal's infringement of the Asserted Patents;

D. ❸ A reasonable royalty for Regal's use of Intertrust's patented technology, as alleged herein;

E. Prejudgment interest;

F. Post-judgment interest;

G. A judgment holding Regal's infringement of the Asserted Patents to be willful, and a trebling of damages ❹ant to 35 U.S.C. § 284;

H. A declaration that this Action is exceptional pursuant to 35 U.S.C. § 285, and an award to Int❺t of its attorneys' fees, costs and expenses incurred in connection with this Action; and

I. Such other relief as the Court deems just and equitable.

DEMAND FOR JURY TRIAL

Plaintiff, under Rule 38 of the Federal Rules of Civil Procedure, requests a trial by jury of any issues so triable by right.

❶ 소제기 번호/일자
❷ Venue
❸ 원고
❹ 피고
❺ Jury trial 요청

❶ 인용특허번호
❷ 침해제품 특정

❶ 추가 침해행위 금지
❷ 손해배상
❸ 과거, 미래
❹ 고의침해 증액
❺ 변호사 비용

Motion to dismiss, 즉 소 각하신청 사유에는 다음과 같은 것이 있다:

a. Lack of personal jurisdiction (FRCP §12(b)(2))
b. Improper venue (FRCP §12(b)(3))
c. Insufficient proess (FRCP §12(b)(4))
d. Insufficiency of service of process (FRCP §12(b)(5))
e. Failure to state a claim (FRCP §12(b)(6))
f. Failure to join a indispensable party (FRCP §12(b)(7))

한 가지 유의할 사항은 FRCP §12(b)(2) ~ (5)에 해당하는 사유를 기재하지 않고 기각신청을 한 경우 해당 사유를 근거로 한 항변을 포기한 것으로 본다는 점이다. 원고의 complaint에 대한 피고의 motion 또는 answer는 절차상 동일하게 피고의 답변으로 갈음하므로, 상기 사유의 항변을 answer에 포함하지 않는 경우에도 해당 항변은 포기한 것으로 된다.

## (2) Service of Process

특허권자는 소장 제출로부터 90일 이내에 피고에게 소장의 부본을 전달하여야 한다. FRCP §4(m) 헌법은 due process 조항에서, 피고가 적절한 고지(proper notice)를 받지 못하면 법원이 personal jurisdiction을 행사하지 못하도록 규정하였다. 특히, 피고가 외국기업인 경우 원고는 국가 간에 합의된 방식으로 소장 부본을 전달하여야 하는데(FRCP §4(f)(1)), 이것이 "소송 서류의 전달에 관한 Hague Service Convention (Hague Convention on the Service Abroad of Judicial and Extrajudicial Documents)"이다.

즉, 한국기업을 상대로 특허소송을 제기한 원고는 Hague 협약에 따라, 법원행정처를 경유하여 한국 관할법원을 통하여 피고 한국기업에게 소장을 전달하여야 한다. 필자의 NPE가 국내기업에 대하여 제기한 특허침해소송에서의 경험으로는, NPE는 Hague 협약에 의한 방법으로 소장을 전달하는 데 따르는 절차상의 불리함과 금전적 부담을 면하기 위하여 재판지의 local rule에서 허락하는 방법, 가령 공시송달의 방법으로 소장 부본 전달 의무를 완성하려고 시도한 적이 있다. 한국은 Hague 협약 체결국이고, 그에 따라 협약에서 정한 방법으로 소장이 전달되어야만 하므로, 공시 송달에 의한 것은 Hague 협약 위반이다. 따라서, 이것을 소송 초기 단계에서 소 취하신청의 사유로 삼을 수 있다.

NPE와의 특허소송을 대리한 한 미국 변호사에 따르면, NPE는 service of process 의무를 상대적으로 간소하게 충족하기 위한 motion을 청구한다고 하였다. 수 건의 특허침해소송을 동시에 제기하는 NPE 입장에서는 간소화한 방법에 의하여 service가 완성된다면 비용을 절감하고 절차적 측면에서 상대방을 압박할 수 있으므로 유리한 국면에서 settlement fee를 요구할 수 있기 때문이라고 하였다.

Case 6:21-cv-00423-ADA Document 11 Filed 09/27/21 Page 1 of 8

**IN THE UNITED STATES DISTRICT COURT**
**FOR THE WESTERN DISTRICT OF TEXAS**
**WACO DIVISION**

| | |
|---|---|
| **Cedar Lane Technologies Inc.,** | Case No. 6:21-cv-00423-ADA |
| Plaintiff, | Patent Case |
| v. | Jury Trial Demanded |
| **Hitachi Kokusai Electric, Inc.,** | |
| Defendant. | |

**PLAINTIFF'S MOTION FOR LEAVE TO EFFECT ALTERNATIVE SERVICE ON DEFENDANT**

Plaintiff Cedar Lane Technologies Inc. ("Plaintiff" or "Cedar Lane"), files this Motion and respectfully seeks leave to serve the summons and complaint on Defendant Hitachi Kokusai Electric, Inc. ("Defendant" or "Hitachi Kokusai") through its U.S. Counsel and/or on its U.S. subsidiary as follows:

**I. BACKGROUND**

Plaintiff Cedar Lane Technologies Inc. is a corporation organized and existing under the laws of Canada that maintains its principal place of business at 560 Baker Street, Suite 1, Nelson, BC V1L 4H9. DE 1 at ¶ 2.

Defendant Hitachi Kokusai Electric, Inc. is a Japanese corporation with an established

NPE의 Alternative Service에 의한 Service of Process 완성 시도(Motion) 사례

## (3) NPE 소송에서의 형식적 요건 흠결의 효과적 주장

최근 국내기업을 상대로 하는 NPE의 특허소송이 빈번한데, NPE는 특허소송 대응 법률비용에 준하는 금액을 합의금으로 요구하고, 특허를 실시하지 않기 때문에 당사 보유 특허를 활용한 특허침해 주장이 불가능하다. 게다가 정식절차를 통하여 인용특허의 무효를 주장하는 것도 비용적으로 용이하지 않은데, 왜냐하면 USPTO의 Inter partes review는 최소 18개월, 즉 PTAB의 IPR 개시 결정까지 6개월, final determination 까지 추가로 1년이 소요되므로 그에 따른 법률비용이 적지 않다. 이때는 NPE 원고에게 소송 진행에 대한 부담을 가질 만한 사유로 motion to dismiss를 제출하여 협상을 유도한 후, 특허 무효/비침해 분석을 신속하게 진행하고, 당사 매출액을 근거로 적절한 합의금을 산정해 볼 필요가 있다. 해당 금액 내에서 합의 종결을 목표로 하는 편이 금전적으로 유리한 면이 있고, 사업적 측면으로도 소송의 장기화에 따른 평판 하락을 방지하는 것에 이득이 있다면, 합의에 의한 사건의 종결을 시도해 볼 수 있을 것이다.

## Plausible Pleading

a. 원고는 소장에 특허침해 사실을 구체적으로 기재해야 하는데, 이것은 Supreme Court 의 판결에 따라 소장을 "plausible pleading" 요건에 맞춰 기재해야 하기 때문이다. 즉, 원고가 충분한 사실(sufficient factual content)을 포함하여 특허침해 사실을 기재함으로써, 재판부가 소장 내용으로부터 피고의 특허침해를 합리적으로 추측할 수 있도록 해야 한다. *Bell Atlantic Corp. v. Twombly,* 550 U.S. 544 (2007)

b. 과거, FRCP에 따르면 특허소송 제기 시, Form 18(Complaint for patent infringement)을 사용하여 소장을 기재할 수 있었는데, 여기에는 특허번호, 날짜, 특허침해 제기 제품명을 기재하는 것으로 충분하였으나, 2015. 4월 개정에서 이것을 삭제하였다.

c. 특허침해소송의 소장이 plausible pleading 요건을 충족하는 방법이 반드시 claim chart일 필요는 없다. BOT M8 사건 재판부는 이러한 점을 분명히 하였는데, 1심 재판부는 BOT M8이 claim chart에 의하지 않은 채, 피고 제품이 특허침해하였다고 기재한 소장에 대하여 침해주장이 충분하지 않다면서 소 취하를 결정하였다. BOT M8 은 Sony PlayStation 4의 error code 확인 절차가 게임 시작 전 디스플레이되는 사실을 근거로 fault inspection program에 대한 특허침해를 제기하였다. 연방항소법원은 pleading 단계에서부터 특허청구항 각각의 구성요소에 대한 특허침해(element-by-element basis)를 입증할 필요는 없다고 하면서 1심 판결을 기각하였다. *Bot M8 LLC v. Sony Corp. of America,* No. 20-2218 (Fed. Cir. July 13, 2021)

그 밖에 우리 회사가 NPE로부터 특허침해 제기를 받는 경우, 특허담당자는 특허소송 대응전략 마련에 다음의 사항을 고려할 수 있을 것이다.

a. NPE, 인용특허 및 court(재판부) 성향

b. 인용특허의 IPR 이력 검토를 통하여 특허의 강도를 알 수 있으므로, NPE의 요구사항에 대한 사업적, 금전적 측면의 효과적인 대처 방안 검토 가능

c. NPE의 타 소송 이력: (1) Responsive pleading 전 소송이 각하되었다면, NPE는 협상에 의한 사건 종결을 선호(nuisance value settlement); (2) Motion의 내용을 검토하면 어떠한 항변이 가능한지 참고할 수 있음; (3) Claim construction filing을 통하여 인용특허의 권리 범위를 검토하면, 침해 제기 제품에 대한 침해여부를 알 수 있음; (4) Invalidity contention을 검토하여, 당사가 주장 가능한 무효논리를 미리 마련할 수 있음

# 4. Answer

피고는 원고의 complaint를 수령한 날로부터 21일 이내에 response를 제출해야 한다. 피고는 원고의 주장에 대한 답변, 즉 answer를 하거나 pre-answer motion을 제기할 수 있다. 피고는 원고의 주장에 대하여 (1) 인정 또는 부인할 수 있고, (2) affirmative defense, 즉 적극적으로 항변할 수 있으며, (3) counterclaim을 제기할 수도 있다.

Affirmative defense란 새로운 사실을 적극적으로 기재하여 특허침해행위를 면제받는 것으로, 특허침해행위를 하였음에도 새로운 사실에 의한 주장이 받아들여지면 특허침해에 따른 책임을 면하는 것이다. 특허침해소송에서 제기할 수 있는 affirmative defense는 invalidity, noninfringement, prior use, first sale doctrine, inequitable conduct, patent misuse 등이 있다. 한 가지 유의할 사항은 주장할 affirmative defense를 answer에 기재하지 않는 경우, 해당 사유는 포기한 것으로 본다는 점이다.

한편, 피고는 response를 제출하면서 원고에게 counterclaim을 제기할 수 있는데, 이 중 compulsory counterclaim은 원고의 특허소송 청구 배경이 되는 same transaction or occurrence에서 기인하는 청구로서 이를 적시에 제기하지 않으면 후에 주장이 불가한데, 이것은 compulsory counterclaim이라 하고, noninfringement, invalidity 및 unenforceability에 기초한 declaratory judgment action이 해당한다. 다만, invalidity는 affirmative defense로도 주장할 수 있으므로 필수적으로 반소를 제기해야만 하는 것은 아니다. FRCP §13(a)(1)은 다음과 같이 compulsory counterclaim에 대하여 규정하고 있다:

> A pleading must state as a counterclaim any claim that – at the time of its service – the pleader has against an opposing party if the claim: (A) arises out of the transaction or occurrence that is the subject matter of the opposing party's claim.

이것은 어떠한 사안이 동일한 거래 또는 사실관계에서 기인하는 경우 그에 대한 별개의 소송을 진행하는 데 따른 소송 당사자와 재판부가 투입하는 노력 및 시간의 중복(substantial duplication of effort and time by the parties and the courts)을 방지하자는 취지이다. *Barefoot Architect, Inc. v. Bunge,* 632 F.3d 822 (3d Cir. 2011)

## Compulsory Counterclaim

Shure 사건에서 Christopher J. Burke(magistrate judge)는 특허침해소송에 있어서의 compulsory counterclaim에 대하여 판단하였다. *Shure Inc. v. ClearOne, Inc.*, Civil Action No. 19-1343-RGA-CJB (D. Del. Jun. 1, 2020) Shure와 ClearOne은 audio and conferencing 분야에서 경업 중인데, 양측은 각자 보유한 특허에 기초한 복수의 특허침해소송을 상대방에게 제기하였다. ClearOne은 US9,264,553에 근거한 Shure의 특허침해소송을 제기하였고, Shure는 US9,565,493에 근거한 ClearOne의 특허침해소송을 제기하였다. ClearOne은 '553특허와 '493특허는

(1) 유사한 기술(conferencing and array microphone)에 관한 것이고,

(2) 시장에서 경쟁 중인 동일한 제품에 관한 것이므로, ClearOne의 특허침해 주장에 대한 compulsory counterclaim이라고 주장하였다.

그러면서, 자신들이 제기한 특허소송에서 counterclaim으로 주장하지 않고, 별개의 소송을 제기하였으므로, FRCP §13(a)에 근거하여 motion to dismiss를 신청하였다. 재판부는 두 소송 사이에 일부 factual overlap이 있는 것은 사실이나, 두 소송의 청구의 원인인 인용특허가 상이하고, 침해 제기 제품 또한 상이한 바, 각각의 소송에서 손해배상액의 결정을 위한 별개의 claim construction을 수행해야 하고, 그에 따른 각각의 특허침해판단이 필요한 바, compulsory counterclaim으로 되기 위한 "whether the counterclaim bears logical relationship to an opposing party's claim"이 충족되지 않는다고 하였다. 그러면서, 다음과 같이 특허소송에서의 compulsory counterclaim에 관한 판결을 인용하였다:

(1) DJ action을 제기한 일방의 invalidity and noninfringement 주장에 대하여, 해당 특허와 다른 특허에 근거한 특허침해 주장에 있어서, 비록 두 특허의 특허청구항 모두 signal generator에 관한 것이라는 일부 factual overlap이 존재하지만, 서로 다른 특허에 기초한 주장은 compulsory counterclaim에 해당하지 않음. *Measurements Corp. v. Ferris Instrument Corp.*, 159 F.2d 590 (3d Cir. 1947)

(2) 재판부가 별개의 제품에 대한 서로 다른 특허에 대한 특허침해 여부를 결정해야 하는 상황은 compulsory counterclaim에 해당하지 않음. *Int'l Controls & Measurements Corp. v. Honeywell Int'l, Inc.*, No. 5:12-CV-1766 (LEK/ATB), 2013 WL 4805801 (N.D.N.Y. Sept. 9, 2013)

# 5. Discovery와 Markman Hearing

## (1) Discovery

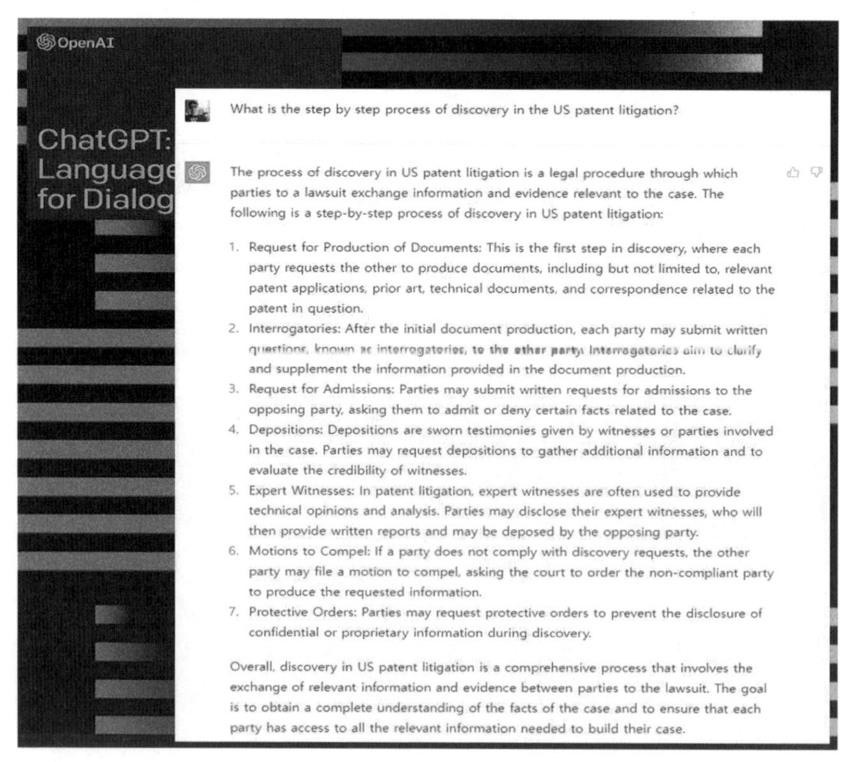


Discovery 절차 질문에 대한 ChatGTP(Open AI) 답변

일단, 특허권자는 피고가 자신의 특허를 침해하였다는 강력한 의심, 즉 strong suspicion을 갖고 특허침해소송을 제기한다. FRCP Rule 11에 의하여, 특허권자는 "reasonable prefiling investigation(소 제기 전 조사)", 즉 특허침해에 대한 strong suspicion을 뒷받침하는 증거를 탐구해야 하는 의무를 갖는다. 이러한 의무를 이행하지 않은 경우, 상대방은 Rule 11을 근거로 frivolous action에 대한 sanction을 청구할 수 있다. Prefiling investigation 뿐만 아니라, 특허침해소송을 진행하면서, 어떠한 사실관계가 명확함에도 불구하고 근거 없는 주장을 지속하는 상대방에 대하여 Rule 11을 근거로 하는 motion을 제출할 수 있다.

### Rule 11 Sanctions

가령, 특허권자가 accused product에는 claim element 중 어느 하나가 결여된 사실이 명확한데도 특허침해 주장을 하거나, 반대로 피고가 자신의 제품이 claim element 전부를 실시하는 것이 명확한데도 불구하고 비침해 주장을 계속하는 경우, 재판부는 Rule 11 위반으로 sanction을 명령할 수 있다. Imprenta Services 사건에서 California(Central district) 재판부는, 원고가 제기한 inventorship pleading에 대하여 Rule 11 위반에 따른 sanction을 부과하였다. 원고는 US10,513,375에 대하여 inequitable conduct 및 incorrect inventorship을 근거로 declaratory judgment action을 제기하였는데, 피고는 이에 대하여 Rule 11 sanction을 청구하였다. 재판부는 원고가 incorrect inventorship의 주장에 대한 factual assertion(사실적 증거)을 제출하지 못하였고, 피고가 발명을 착상한 사실을 뒷받침하는 email 및 첨부 자료를 고의로 누락하는 등 Rule 11을 위반한 것이 맞는다면서, 원고에게 피고가 본 pleading에 대응하기 위하여 지출한 attorney fee를 부담할 것을 명령하였다. *Imprenta Services, Inc. et al. v. Karll et al.,* 20-cv-6177 (C.D. CA. Jul. 5, 2022)

그러나, 특허침해에 대한 구체적인 사실, 가령 침해 제기 제품은 누구에 의하여 어떻게 개발되었고 특허법상 특허침해가 성립되는지, 제품의 개발/제조 과정에서 특허의 존재 사실을 알았는지, 제품에 의한 매출은 얼마나 되는지 등은 특허소송 제기 시점에서 알지 못하는 상태이다. 피고 역시 특허침해에 대응하고 특허 비침해 주장을 위한 정보, 즉 특허권자의 특단의 사정, 가령 특허 발명자 중 실제 발명에 기여하지 않은 자의 존재나, 특허를 출원하기 전 발명을 제3자에게 누설하였는지, 특허출원 후 심사과정에서 USPTO에 의도적으로 허위사실을 제공하였는지 등을 필요로 한다. 이러한 정보는 양측의 소송 진행상의 증거가 되고, 증거를 수집하는 단계가 discovery(증거개시절차)이다. FRCP §26(b)(1)에 따르면, discovery 범위는 "소송과 관련된 비밀유지 특허권이 없는 어떠한 것"으로 하고 있어 그 정의가 포괄적이고, 재판부에 제출 가능한 정보(admissible information)뿐만 아니라 그러한 정보를 획득하기 위하여 필요한 "일견 합리적으로 계산된(appears reasonably calculated) 것"이면 어느 것이나 discovery의 대상으로 할 수 있다.

두 가지 주요한 discovery 수단은 Request for Production(RFP)과 Request for Inspection(RFI)이다. 이는 FRCP §34에 규정되어 있다.

a. RFP는 서면에 의한 것으로써 ESI를 포함한 유형의 자료가 대상이다. 1심 재판부의 Standing Order(local rule)에는 RFP의 분량을 제한하는 세부 규정이 대부분 마련되어 있다. 특허권자는 RFP를 통하여, 침해 제기 제품의 설계도, 개발 관련 문서, 매출자료 등을 입수할 수 있다. 반면, 피고는 발명을 도출한 과정의 자료, 즉 발명의 conception으로부터 reduction to practice까지의 자료 등을 입수하기 원할 것이다.

b. 특허권자는 RFI를 통하여 침해 제기 제품의 제조시설에 대한 조사를 수행할 수 있고, 피고는 드물긴 하나 서면이 아닌 physical prior art의 조사를 수행할 수 있다. 또한, 일방이 RFP에 대하여 요청한 대상 자료를 상대방이 스스로 조사할 수 있도록 허락하는 경우, RFI가 수행될 수 있을 것이다.

Discovery 수단으로 중요한 것 중 하나가 testimonial인데, 증인에 대한 deposition을 수행함으로써 수행된다. FRCP §30은 재판부의 허락이 없더라도 10회의 deposition을 수행할 수 있다고 규정하고 있다. Interrogatories(서면에 의한 진술)는 FRCP §33에 법원의 허락 없이 최대 25회 가능하도록 규정되어 있다. Request for Admission(RFA)은 일방이 어떠한 사실을 기술한 후, 그에 대하여 상대방에게 인정할 것을 요구하는 것이다. 상대방이 RFA에 대하여 답변하지 않을 경우는 인정한 것으로 한다. 이것은 통상, 다툼의 여지가 없는 사실에 대하여 소송의 진행을 신속히 하기 위하여 사용된다. 마지막으로, 제3자에 대한 discovery는 subpoena에 의하며, FRCP §45에 규정되어 있다. 가령, 특허권자의 회사에서 퇴사한 발명자에 대한 subpoena를 신청하여, 발명의 완성 과정에 대한 정보를 discovery 할 수 있다.

Discovery 절차 중 재판부의 명령을 위반할 경우, 그에 따른 sanction, adverse inference, 또는 상대방의 청구를 그대로 받아들이는 default judgment 처분 등을 받을 수 있음에 유의해야 한다.

## Destroyed Evidence

Tile Tech.는 소송 과정에 걸쳐 재판부의 order to compel을 포함하여 반복적으로 discovery request를 위반하였고, 이에 재판부는 default judgment 판결하였다. 재판부는 Ninth Circuit의 default judgment 요건, 즉 Malone factor를 적용하여 판단하였는데, 다음과 같다:

(1) the public's interest in expeditious resolution of litigation;

(2) the lower court's need to manage its docket without routine noncompliance;

(3) Tile Tech's failure to comply with discovery requests prejudicing the plaintiff's ability to adjudicate the matter fairly; and

(4) the lack of availability of less drastic sanctions.

재판부는 public interest 요건은 항상 default judgment에 반하는 것이고, 이를 제외한 3가지 요건은 본 사건에서 default judgment를 지지한다고 하였다. 특히, 1심 재판부의 default judgment 판결은 재량의 남용(abuse of discretion)에 해당하지 않음을 명확히 하였다. *United Construction Products, Inc. v. Tile Tech, Inc.*, No. 2016-1392 (Fed. Cir. Dec. 15, 2016)

Discovery 단계에서 기업의 기술과 영업 관련 비밀사항이 포함되어 있는 경우가 상당수이므로, 이러한 자료에 대하여 재판부가 protective order를 발행하고, 그에 따른 지정된 자에 한해서만 자료 접근을 허용한다. FRCP §26(c)(1)(G) 이때 자료의 공개 범위와 열람 권한의 제한에 대한 구체적인 사항은 재판부의 재량사항이다. 재판부는 다음의 등급으로 자료의 비밀유지 정도를 구분하여 protective order를 발행한다:

a. Confidential: 자료의 사용을 본 특허소송 용도만으로 제한, 다만 소송 관련자, 가령 소송 중인 기업의 종업원 간의 자료 공유 허용
b. Highly Confidential - Attorneys and Client Representatives Eyes' Only: In-house counsel과 지정 client representative로 제한
c. Highly Confidential - Outside Counsel Eyes' Only: Outside legal counsel, outside legal support staff, court personnel 및 expert로 제한(즉, 소송 중인 상대방에 대하여 접근 불허)

## Protective Order

Static Media 사건 재판부는, 원고 Static의 자료에 대하여 피고 대리인이 protective order를 위반하였다고 한 1심 판결을 기각하였다. Static은 Leader에 대하여 디자인 특허침해소송을 제기하였는데, 1심 재판부는 특허 비침해 SJ 판결하였다. 항소심은 1심 판결 중 피고 대리인의 protective order 위반에 따른 sanction 및 attorney's fee 판결에 대하여 다투었다. 1심 재판부가 protective order를 발행한 직후, Static은 OJ Commerce에 대하여 동일한 디자인 특허에 근거하여 특허침해 demanding letter를 발송하였다. 이에 OJ Commerce의 대리인은 Leader의 대리인과 접촉하여 Joint Defense Agreement를 체결하였고, 이후 소송의 효율적 대리를 위하여 Leader의 대리인은 Static의 "licensing and royalty agreements and sales and revenue information"을 이메일로 전송하였는데, 이메일에는 해당 자료가 protective order 대상인 것과, JDA에 따른 효율적 소송대응 목적임을 명기하였다. Static은 discovery sanction 및 attorney's fee를 청구하였으나, CAFC 재판부는 다음과 같은 사유로 기각하였다:

(1) Static은 Leader 대리인이, OJ Commerce 대리인이 protective order를 위반할 것을 알거나 알 수 있었음을 clear and convincing evidence 기준으로 입증하지 못하였고,

(2) Protective order에 의하여 자료의 사용(use)이 제한되는 범위는 public disclosure로 해석되므로, JDA를 체결한 당사자 간 자료의 교환까지 금지하는 것은 합리적이라고 볼 수 없다고 하였다. *Static Media LLC v. Leader Accessories LLC,* No. 21-2303 (Fed. Cir. June 28, 2022)

## (2) Markman Hearing

인용특허의 청구항 중 특정 용어의 의미를 재판부가 결정하도록 증거를 제출하고 자신에게 유리한 주장을 하는 단계를 Markman hearing이라 하고, 그 결과 재판부가 용어의 의미를 해석하여 특허청구항의 범위를 결정한 것을 claim construction이라 한다. Claim construction이 좁은 범위로 되면 특허침해 가능성이 낮아지고, 반대로 넓은 범위로 되면 선행문헌에 의하여 특허성이 부정될 가능성이 높아진다. 양측은 용어의 올바른 해석을 뒷받침하는 증거를 제출하는데, 가장 설득력 있는 것은 내부적 증거이다. 내부적 증거만으로는 용어의 의미가 불명확할 경우 외부적 증거도 사용될 수 있다. 재판부는 양측의 증거와 주장을 종합하여 claim construction을 완료하는데, 이것은 matter of law이므로, 전적으로 재판부의 판단사항이다.

Claim construction에 의하여 특허청구항의 보호 범위가 결정되면, 침해 제기 제품이 권리범위에 포함되는지, 즉 특허침해 여부가 어느 정도 명확해진다. 재판부는 이것을 바탕으로 어느 일방을 위한 summary judgment, 즉 특허권자를 위한 특허침해 판결 또는 피고를 위한 특허 비침해 판결을 내릴 수 있다.

재판부는 결정된 claim construction을 배심원에게 jury instruction을 통하여 특허침해 판단을 위한 가이드라인으로 제공한다. 양측은 jury instruction에 포함될 내용에 자신들의 주장을 포함시키도록 증거와 자료를 재판부에 제출할 수 있다. FRCP §51 Jury instruction은 배심원에게 큰 영향을 미칠 수 있기 때문에, 그 내용과 형식을 어떻게 기재하는지 양측의 이해관계가 대립하는데, 가령 특허법상 등록된 특허는 일단 유효한 것으로 추정하고, 이를 반박하는 자가 clear and convincing evidence 기준으로 특허의 무효를 입증할 책임이 있는데, jury instruction은 이 추정(presumption)을 한 번만 기재할 수도 있고, jury instruction 전반에 걸쳐 반복적으로 기재할 수도 있는 만큼, 양측은 그 반복 횟수와 위치 및 형식에 대하여 자신에게 유리한 방향으로 주장해야 한다.

## Markman Hearing

a. VR Optics 사건에서, 양측은 "event"의 의미에 대하여 이견이 있었다. VR Optics의 특허 US6,902,513(Interactive fitness equipment)은 자전거 simulation race에 관한 것으로, 특허의 한 실시예에는 "interactive exercise events"로 기재하고 있다. 이에 근거하여, VR Optics는 Markman brief를 제출하면서, "event"를 복수의 사용자가 공동으로 참여하는 group exercise의 의미로 해석해야 한다고 주장하였다. 재판부는 VR Optics의 이러한 주장을 배척하면서, 청구항 용어는 내부적 증거를 참작하여 통상의 의미(ordinary and customary meaning)로 해석하는 것이 원칙이며, VR Optics의 주장과 같이 제한 해석되지 않는다고 하면서, Peloton의 특허 비침해 summary judgment 청구를 인용하였다. *VR Optics, LLC v. Peloton Interactive, Inc.*, 345 F. Supp. 3d 394, 396-97 (S.D.N.Y. 2018)

b. Kaufman 사건 재판부는, 1심 재판 중 특정 청구항 용어의 해석에 대한 의견을 제시하지 않은 일방이, 항소심에서 "최초로 그 용어의 해석에 대해 항변 불가(forfeiture)"로 판결하였다. Kaufman의 특허 US7,885,981은 "Method for using a computer to automatically generate an end-user interface"에 관한 것인데, 청구항 용어 중 "automatically"의 의미가 이슈 사항이었다. Microsoft는 plain and ordinary meaning으로는 사용자의 개입이 포함된다고 하였으나, 이에 대한 추가의 의견을 제출하지 않았다. 재판부는 automatically에 대한 양측의 이견이 없는 것으로 하여 "no human labor required"로 하는 claim construction을 확정하였고, 배심원은 jury instruction에 따라 특허침해로 평결하였다. Microsoft는 post-verdict motion이 기각되자 항소하였는데, 연방항소법원은 1심 재판 중 Markman hearing ~ Jury instruction 단계에서 Microsoft가 청구항 용어에 대한 자신의 주장을 (구체적으로) 제출하지 않았으므로, 항소심에서 이에 대하여 다툴 수 없다고 하였다. *Kaufman v. Microsoft Corp.*, No. 2021-1634 (Fed. Cir., May 20, 2022)

재판부가 local rule로 달리 정하지 않는 한, Markman hearing은 expert discovery 시작 전에 완료하는 것이 더 일반적이고 효율적이다. 이것은 expert discovery 기간 중, 양측의 expert는 일방에 유리한 infringement와 validity 관련 진술을 하게 되는데, 만일 claim construction이 완료되지 않은 경우라면 expert testimony에 양측이 주장하는 상이한 claim construction을 모두 기재하고, 그에 따른 의견을 각각 진술해야 하기 때문이다. 즉, 확정된 claim construction에 의한 claim scope에 기초하여 전문가는 특허침해와 특허의 유효에 대한 의견을 진술하는 편이 효율적이다.

# 6. Summary Judgment

특허소송 중 피고는 특허 비침해 또는 특허무효에 대한 summary judgment(SJ)를 청구할 수 있는데, 이것은 FRCP Rule 56에 근거한 것이다. 재판부는 청구인이 "no genuine dispute as to material fact"를 입증하고, "entitled to judgment as a matter of law"이면 SJ를 허락한다. 즉, 청구인이 구하는 사항에 대한 사실적 이슈가 없어야만 SJ가 허락되므로, 상대방은 해당 사항에 대한 사실적 이슈가 존재함을 증명하여 SJ 판결을 면할 수 있다. FRCP에 따라 피고는 소장을 접수한 이후부터 언제라도 SJ를 청구할 수 있지만, material factual dispute가 없는 것을 요건으로 하므로, 특허소송 중 fact discovery가 완료된 시점에 제기하는 것이 통상적이다.

한 가지 유의할 사항은, SJ를 신청하였는데 기각된 경우, 청구인은 항소심을 대비하여 몇 가지 조치, 즉 preservation을 취해야 한다는 점이다. FRCP §50(b)에 근거한 Post-trial renewed motion for Judgment as a Matter of Law(JMOL)를 다투기 위해서는 그 전제조건으로써 §50(a)에 근거한 JMOL이 필요하기 때문이다. 즉, 재판부가 renewed JMOL을 기각하면, 그에 대하여 청구인은 항소하여 항소심에서 해당 사안을 다툴 수 있다. 재판부가 SJ를 인용 판결한 경우는 청구의 대상이 온전히 검토된 후 판결된 것이므로 그에 대한 항소가 가능하다. 다만, CAFC는 1심 재판 중 pre-/post-verdict JMOL을 청구하지 않은 경우라도, 청구인이 SJ 기각에 따른 주장 및 증거 제출 기회가 박탈되었고, SJ 사안이 양측에 의하여 재판부에 온전히 제출되었던 경우는 SJ 청구인의 항소심에서 다툴 기회를 포기하지 않은 것으로 봐야 한다고 판결한 경우가 있다. 그러나, 재판 절차 중 JMOL의 제출로 항소심에서의 주장 기회를 보전하는 편이 안전하고 명확하다.

## Preservation of the Issue for Appeal

Ericsson이 TCL을 상대로 특허침해소송을 제기한 사건에서, 1심 재판부는 Ericsson의 US7,149,510(Security access manager in middleware) 특허에 대하여, TCL이 §101 patent eligibility 위반으로 무효 주장한 SJ를 기각 판결하였다. Patent eligibility는 issue of law인데 다만, underlying issues of fact를 포함할 수 있다. *Berkheimer v. HP Inc.*, 881 F.3d 1360 (Fed. Cir. 2018)

재판부는 Alice/Mayo test를 수행하여 patent eligibility를 검토하였는데, step 1에서 '510 특허 claim은 "not directed to an abstract idea as a matter of law"라고 하면서 SJ 기각 판결하였다. 즉, 1심 재판부는 항소심에서 다툴 수 있었던 TCL의 factual issue 사항의 주장 및 증거 제출을 받아들이지 않았다. (Factual issue는 step 2에서 다뤄진다.)

CAFC 재판부는 다음의 2가지 사유로, TCL의 SJ 기각 판결 후속으로 pre-/post-verdict JMOL 미청구에도 불구하고, TCL이 해당 사안을 항소심에 다툴 기회를 포기하지 않았다고 판결하였다.

(1) CAFC 재판부는 Lighting Ballast Control 사건을 인용하여 TCL의 SJ 청구에 대하여 1심 재판부는 '510 특허 claim에 대하여 issues of fact에 기초하여 SJ 기각 판결을 내린 것이 아니므로, TCL의 SJ 청구에 따른 argument는 항소심 대상으로 온전히 보전된 것으로 봐야 한다고 판결하였다. Lighting Ballast 사건에서 재판부는, 피청구인은 청구인이 1심 재판 중 pre-/post-verdict JMOL을 청구하지 않았으므로, 항소심에 검토사항인 주장 및 증거를 포기한 것으로 봐야 한다는 주장을 받아들였다. 그러면서, SJ 청구가 "material issues of fact"에 의하여 기각된 경우라고 하였다.

*Lighting Ballast Control LLC v. Phillips Electronics North America Corp.*, 790 F.3d 1329 (Fed. Cir. 2015) Lighting Ballast

(2) CAFC 재판부는 또한, SJ 이슈 사항은 1심 재판부에 의하여 충분히 다투어졌고, SJ 이슈 사항에 대하여 온전히 다툴 기회가 양측 모두에게 적절히 주어졌기 때문에, 2심 재판부는 해당 legal issue에 대하여 검토할 재량을 행사하는 데 문제가 없다고 하였다. 왜냐하면, Rule 50(b)의 정책적 목적은 어느 일방이 1심 재판부와 상대방에 대하여 어떠한 이슈를 매복하였다가 공격하는 것을 방지하고자 하는 것이기 때문이라고 부연 설명하였다. *Ericsson Inc. v. TCL Commc'n Tech. Holdings,* 955 F.3d 1317 (Fed. Cir. 2020)

특허침해소송을 제기 받은 피고의 입장에서는 SJ 판결이 내려질 경우, 추가의 공판절차를 진행하지 않아도 되므로 법률비용을 절감할 수 있고, 무엇보다 1심 재판을 조기에 종결하는 효과가 있다. 이 때문에 결정적인 특허 비침해 사실 또는 강력한 invalidity 증거를 확보한 경우에는 SJ 신청을 적극 고려하는 것을 추천한다.

# 7. Trial Stage

특허소송 중 trial stage까지 도달하는 비율은 5% 미만이다. Trial은 원고의 opening statement로 시작되는데, 한 설문조사에 따르면 37%의 배심원은 opening statement 직후 어느 일방을 지지할 것인지 결정했다고 한다.

이것은 trial 동안 양측에서 제시하는 증거와 주장을 듣기도 전에 어느 일방의 편에 선다는 의미이므로, opening statement의 중요성을 알 수 있는 결과이다. 배심원은 재판지의 일반 시민중에서 선발되므로, 법률 대리인은 통상의 용어를 사용하여 설득력 있는 진술을 하는 것이 중요하다고 한다. 이렇게, opening statement의 중요성에도 불구하고 언급 가능한 범위에 일정한 제한이 있다. 즉, 원고는 어떠한 증거가 사건의 어느 부분과 연관되어 어떠한 순서로 제출될 것인지 배심원이 이해할 수 있도록 언급하는 것만 가능하다.

Supreme Court는 법률 대리인의 argument, 개인적 의견의 진술 및 inadmissible evidence에 대한 검토의견은 opening statement에 포함시킬 수 없다고 하였다. 이것은 opening statement가 배심원에게 이후 어떠한 증거가 제출될 것인지 이해를 돕기 위한 것이지, 배심원의 verdict에 영향을 주기 위한 것이 아니기 때문이라고 한다. *United States v. Dinitz,* 424 U.S. 600, 612 (1976) (Burger, C.J. concurring) 또한, 특허침해소송이 jury trial에 의하여 진행되므로, 원고 대리인은 특허에 대한 설명을 위하여 특허권자(발명자)를 증인으로 세우고, 특허침해에 따른 손해배상을 뒷받침할, 가령 특허권자의 고객사, 피고의 특허침해로 사업을 잃은 자 등을 증인으로 세운다. 원고 대리인은 expert testimony를 통한 특허침해와 그에 따른 손해배상액을 설명하게 할 수도 있다. 이후, 피고 측에서는 원고 측 증인을 반대심문하고, 특허무효 입증을 위한 자료 등을 제출한다.

# 8. Appeal

1심에서 패소한 일방은 CAFC에 항소할 수 있는데, 이것은 1심 판결, 즉 final judgment가 있는 날로부터 30일 이내이다. Final judgment란 1심 판결 대상에 대한 온전한 판결을 의미하는데, FRCP §54(b)는 final judgment가 아닌 판결에 대하여 "[a] judgment that is adjudicated fewer than all the claims or the rights and liabilities of fewer than all the parties"라고 규정하고 있다. 다만, final judgment가 있기 전이라도 일방은 appeal court의 허락(appeal by permission)을 받으면 appeal을 제기할 수 있다. CAFC는 특허사건에 관한 special appellate jurisdiction을 갖는다. 28 U.S.C. §1295

# 9. Inter Partes Review

## (1) Inter Partes Review

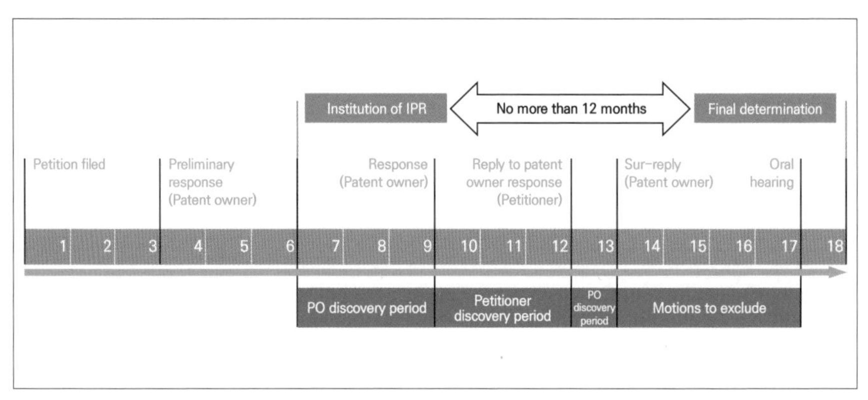


Inter partes Review Timeline

Inter partes review(IPR)는 2012.9월 시행된 당사자계 특허무효심판으로, USPTO의 PTAB에서 진행됐다. IPR은 특허요건 중 §102 및 §103의 결여만을 다툴 수 있는데, 청구인은 그 사유를 서면 prior art(patents, printed publications)에 근거하여야 한다. PTAB은 IPR petition에 대하여 그 요건을 심사한 후, IPR을 개시할 것인지 결정하는데, 그러한 결정이 있는 때부터 12개월 내에 final determination을 내려야 한다. Supreme Court는 Oil States Energy 사건에서, IPR이 행정부인 USPTO에서 수행되는 administrative process인 점이 Article Ⅲ 내지 7th Amendment에 위반되지 않는다고 판결하였다. Oil States Energy는 자신의 특허가 PTAB에 의하여 무효 결정되자 PTAB은 등록된 특허에 대하여 무효 결정을 내릴 수 없고, 그러한 무효 결정은 Article Ⅲ court 에서 배심원에 의하여 결정되어야 한다고 주장하였으나,

Supreme Court는 특허권리가 public right의 성격이고, Congress는 public right에 대한 판결 권한을 Article III court 외에도 부여한 만큼, 헌법에 따라 특허를 허여하는 기능을 부여받은 USPTO(PTAB)에서 등록특허의 무효를 결정하는 것은 헌법에 위배되지 않는다고 하였다. *Oil States Energy Services LLC v. Greene's Energy Group, LLC,* 584 U.S. __ (2018)

## (2) Motion to Stay Pending IPR

특허권자의 특허침해 주장에 대응하기 위하여 피고 입장에서 가장 확실한 방법 중 하나는 인용특허를 무효화시키는 것이다. 피고는 1심 재판 중 USPTO(PTAB)에 특허 무효절차, 즉 Inter partes review를 제기한 다음, 재판부에 진행 중인 재판의 중지 신청, 즉 "motion to stay pending inter partes review"를 제출할 수 있다. 재판부가 IPR 절차 진행 중 소송을 중지해 줄 것인지는 재량사항(inherent power to manage)이므로, 반드시 motion to stay가 받아들여지는 것은 아니지만, 소 제기 이유인 특허권리에 대한 사항이므로 1심 재판부로서도 일정한 기준을 마련하여 소송의 중지 여부를 결정하고 있다. 재판부의 재량사항이므로, jurisdiction에 따라 차이는 있으나 통상 다음의 3가지 요소를 고려한다:

a. whether discovery is complete and whether a trial date has been set,
b. whether a stay will simplify the issues in question and trial of the case, and
c. whether a stay would unduly prejudice or present a clear tactical disadvantage to the non-moving party. *Drink Tanks Corp. v. Growlerworks, Inc.,* No. 3:16-cv-410-SI, 2016 WL 3844209, (D. Or. July 15, 2016)

첫 번째 고려사항은 소송의 진행 정도이다. 즉, 소송이 더 많이 경과할수록 소송을 중지해 줄 가능성이 낮아진다. 가령, fact discovery의 개시 전이거나, 완료되지 않은 경우라면 본 고려사항은 소송의 중지에 유리하게 작용할 수 있다. 한편, 재판부는 절대적인 소송의 경과 정도보다는 trial에 이르기까지의 volume of work를 더 고려한다는 판례가 있다. *Surfcast, Inc. v. Microsoft Corp.,* No. 2:12-cv-333-JDL, 2014 WL 6388489, (D. Me. Nov. 14, 2014)

두 번째 고려사항은 IPR에 의한 효과 측면인데, IPR에 의하여 본안 소송의 이슈가 더욱 간소화되는지 검토한다. 가령, 본안 소송에서 Markman hearing 단계를 통하여 특정 claim element의 의미를 결정해야 하는데, IPR을 통하여 그러한 사항이 결정될 예정이라면 소송의 중지 가능성이 높아진다.

세 번째 고려사항은 일방에 미치는 부정적 영향이 너무 큰지, 소송의 전략상 현저히 불리한 점이 있는지를 검토한다. 소송 제기 시점으로부터 motion to stay를 제출한 시점이 얼마나 경과하였는지에 따라 소송의 중지 여부를 달리 결정한 판례가 있는데, 4개월 시점에 대하여 IPR을 준비하고 제출하는 데 합리적인 기간이라고 한 판례와, 7~10개월의 기간에 대하여 unreasonable 한 것으로 하여 motion을 받아들이지 않은 핀례가 있다. *Realtime Data LLC v. Actian Corp.,* No. 6:15-cv-463-RWS-JDL, 2016 WL 3277259 (E.D. Tex. June 14, 2016)

## (3) Inter Partes Review의 활용 가능성 검토

IPR은 일단 심리가 개시되면 1년 이내에 최종 판단이 내려지므로, 특허침해소송을 제기 받은 피고의 입장에서는 상대적으로 신속하고 저렴한 법률비용으로 특허 무효화를 시도해 볼 수 있다는 점에서 유용하다. 그러나, 특허소송에 비하여 상대적으로 저렴하다고는 하나, 실제로는 특허 1건당 US $300,000 이상을 지불해야 하는 만큼 기업으로서는 큰 부담이 아닐 수 없다. Report of the Economic Survey 2019, AIPLA 특허담당자는 특허소송 대응 전략상 충분한 실익이 있는지 면밀히 검토하여 IPR의 활용 여부를 결정할 것을 추천한다.

Chapter

# 02

# 공격편

## Ⅰ. 권리행사 준비

1. 미국 특허제도를 이용한 권리행사용 Patent Portfolio 구축
2. Patent Subject Matter Eligibility
3. 특허 Strength 점검 및 권리행사 진행여부 결정

## Ⅱ. 권리행사

1. Evidence of Use
2. 경고장 발송
3. ITC Section 337 Investigation
4. 특허침해소송 승소에 따른 금전적 이득
5. 특허소송 제기

# I
# 권리행사 준비

# 1. 미국 특허제도를 이용한 권리행사용 Patent Portfolio 구축

## (1) 강한 특허

강한 특허는 다양한 측면에서 다양한 여러 가지 항목에 의하여 가능한 만큼 한마디로 무엇이라고 정의하기 쉽지 않다. 다만, 한 축에서 특허의 등록요건 또는 무효사유를 염두에 두고 발명 단계에서부터 그러한 요소를 고려하여 특허가 등록되도록 한 다음, 다른 한 축에서 경쟁사의 제품이 특허침해를 구성할 수 있도록 특허청구항을 작성해 준다면 일면 강한 특허를 보유하였다고 할 수 있을 것이다. 등록된 특허가 권리행사 과정에서 상대방의 무효화 시도에도 살아남는 것은 특허의 유효성(validity)의 문제이다. 한편, 권리행사에 필요한 특허침해의 증거를 용이하게 입수할 수 있는 것은 증거의 수집 가능성, 즉 detectability의 문제인데, 다음과 같은 사항을 고려해 볼 수 있다:

a. 특허사용 증거를 공지된 data sheet, 제품 매뉴얼, 사용자 가이드 등으로부터 확인할 수 있는가?

b. 제품을 reverse engineering을 통하여 그 기능이나 세부 구성을 확인하여 특허침해 여부를 입증할 수 있는가? 그러한 경우, reverse engineering을 위하여 필요한 비용 및 증거입수를 위한 risk는 큰가?

## (2) 발명 단계에서 고려할 사항

필자는 특허담당자 시절, 연구원들에게 직무발명신고서를 작성할 때, 자신의 발명에 대한 간단한 특허성(patentability) 판단을 의무적으로 실시하도록 직무발명신고서 양식을 지정한 후, 사내에 상용 특허 검색서비스를 접속할 수 있도록 하였다. 또한, 특허성 요건, 즉 신규성, 진보성 및 명세서 기재 요건에 대한 교육을 통하여 발명의 다양한 embodiment를 기재하도록 주문하였다. 대리인(변리사)에 의한 발명 미팅 시에도 선행문헌에 의한 특허성 판단 결과를 발명자와 공유하면서, 기술적으로는 발명을 어떻게 보완할 수 있는지를 중심으로 미팅을 갖도록 주문하였다. 이렇게 함으로써, 발명은 선행기술과 차별점을 갖고, 다양한 실시예로 기재됨으로써, 강한 특허가 될 수 있는 기본적 요건을 갖출 수 있다.

## (3) Provisional Application

정규 출원(non-provisional application)에 앞서 provisional application을 활용하면, 출원인은 출원서 작성에 필요한 기간을 단축할 수 있고, 그렇게 하여 확보된 effective filing date를 기준으로 해당 출원의 prior art date가 정해지므로, 특허성 확보 측면에서 유리하다. 정규 출원에 비하여 claim을 작성하지 않아도 되고, 무엇보다 특허권의 존속기간은 정규 출원일을 기산점으로 하므로 영향을 받지 않는다.

## (4) Continuation Application

특허출원이 심사를 거쳐 등록 가능한 것으로 판단되면, USPTO는 notice of allowance를 통지하는데, 출원인은 3개월 이내에 등록료를 납부해야 한다. 출원인은 이러한 3개월의 기간을 활용하여 명세서 기재사항(도면 포함) 중 특허청구항에 포함되지 않은 발명이 있는지를 검토하여 continuation을 고려할 수 있다.

## Before the Patenting

a. 35 U.S.C. §120에는 다음과 같이, continuation application이 가능한 시점에 대하여 원출원이 issue 되기 전, 즉 "before the patenting"으로 규정하고 있다:

... if filed before the patenting or abandonment of or termination of proceedings on the first application ...

특허출원은 issue date에 비로소 "patenting"되므로, §120의 정확한 해석은 issue date 전날까지이다. PTO는 심사 실무상 issue date 당일에 제출된 continuation application에 대하여는 적법한 것으로 것으로 하고 있다.

b. Immersion 사건에서 재판부는, 원출원의 issue date 당일 제출된 continuation application이 절차상으로 상기 규정에 부합한 것으로 해석한 PTO의 심사 실무에 오류가 없다고 판결하였다. 재판부는 Congress의 pre-/post-1952 Patent Act 입법과정상의 조문의 변경 여부를 살펴볼 때, §120의 조문이 변경되지 않은 점, 그에 따른 공중의 신뢰를 고려하면 "same-day continuations for priority-date purposes"를 인정하는 것이 더 적합한 해석이라고 하였다. *Immersion Corp. v. HTC Corp.*, 826 F.3d 1357, 119 U.S.P.Q.2d 1083 (Fed. Cir. 2016)

필자의 경험으로는 이뿐만이 아니라

a. system으로 기재된 청구항을 module로 분할하여 청구항을 재작성하거나,
b. device 청구항을 method 청구항으로 재작성하거나, 또는
c. 특정 구성요소의 wording을 좀 더 구체화하거나 일반화함으로써,

향후 특허소송 시 확장된 권리범위로 claim construction 가능하도록 할 수 있다. 이것은 특히, 명세서에 기재하였으나 claim에 포함되지 않은 subject matter

에 대하여는 공중에게 바쳐진 것으로 해석하므로, 가령 균등침해 주장 측면에서도 중요하다. 균등침해이론에 이것을 disclosure-dedication rule이라고 한다. *PSC Computer Products, Inc. v. Foxconn International, Inc.*, 355 F.3d 1353 (Fed. Cir. 2004) 유의할 것은 최초 출원 명세서의 기재사항으로부터 청구항을 재작성할 수 있는 것이므로, 신규사항이 추가되지 않도록 하는 것이 중요하다.

## Prosecution Disclaimer

Sanofi 사건 재판부는, continuation으로 등록된 특허 claim의 prosecution disclaimer 적용여부에 대하여 판결하였다. Sanofi는 US8,318,800 (Cardiovascular drug composition, dronedarone)을 인용하여 Watson에게 특허침해소송을 제기하였는데, 1심 재판부는 특허침해로 판결하였고, Watson은 이에 항소하였다. '800 특허는 Sanofi의 US7,323,493의 continuation인데, Sanofi는 '493 특허의 심사과정 중 독립항에서 polysorbate surfactant를 제외시키는 보정을 제출하여 등록받았다. 이에, Watson은 선행특허의 심사과정에서 행한 보정에 의하여 prosecution disclaimer가 적용되는 바, 비록 '800 특허에는 polysorbate surfactant를 제외한다는 명시적 기재가 없더라도, 이를 포함하는 자신의 제품은 특허 비침해라고 주장하였다. 재판부는 prosecution disclaimer는 특허권자가 argument 또는 amendment를 통하여 claim scope에서 제외한 subject matter에 있어서 적용되는 것으로, 어떠한 claim term이 후출원 특허에 존재하지 않는 경우라면 그러한 적용은 없다고 하였다. 재판부는 다음과 같이 익숙한 prosecution pattern에 대하여 언급하였다:

An applicant adopts an explicit claim-narrowing limitation to achieve immediate issuance of a patent containing the narrowed claims and postpones to the prosecution of a continuation application further arguments about claims that lack the narrowing limitation. *Sanofi v. Watson Labs. Inc.*, 875 F.3d 636 (Fed. Cir. 2017)

만일, 신규한 구성요소가 필요한 경우에는 continuation-in-part application을 고려해야 한다. 한 가지 유의할 사항은, continuation, divisional, 또는 continuation-in-part application으로부터 등록된 특허의 존속기간은 최초 특허출원의 출원일로부터 기산된다는 점이다. MPEP §2701 I. Continuing Applications

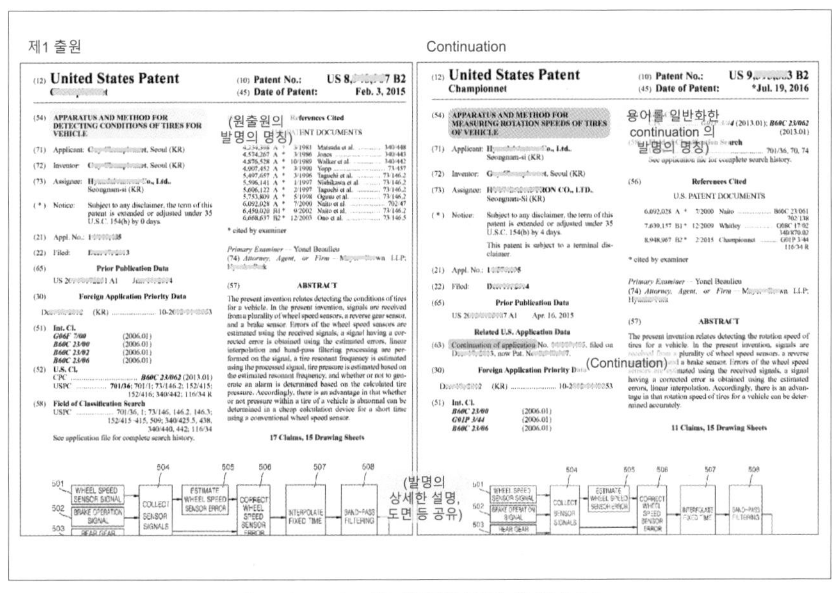


Continuation을 활용한 미국 특허 확보

필자는 고객사의 의뢰를 받아 미국 유수의 의료기기 제조사의 suture anchor 분야 보유 특허에 대한 특허 청구범위 분석을 수행한 적이 있는데, 해당 회사는 하나의 명세서를 바탕으로 continuation과 continuation-in-part를 활용하여 다수의 특허를 등록받은 상황이었다. 검토 결과, 2개의 발명을 바탕으로 6건의 특허를 등록받으면서 claim은 모두 137개였다. 6건의 특허는 2건의 특허 명세서에 기재된 발명의 핵심 사항을 공유하는 관계였는데, continuation은 먼저 등록받은 특허 claim에는 포함되지 않은

subject matter에 대하여 신규 claim을 청구하고, continuation-in-part는 신규한 subject matter를 부가하는 식이었다. 결국, 경쟁사의 발명과 동일한 concept를 사용할 경우 해당 특허 portfolio를 기술적으로 회피하는 것은 불가능한 것으로 결론 내렸으며, 고객사는 신규 개발 concept 도출을 위하여 적지 않은 개발 기간을 필요로 하였다. 이와 같이, continuation을 활용하면 하나의 발명 concept로부터 수 건의 등록특허를 확보함으로써, 경쟁사의 개량, 회피시도를 효과적으로 저지할 수 있겠다.

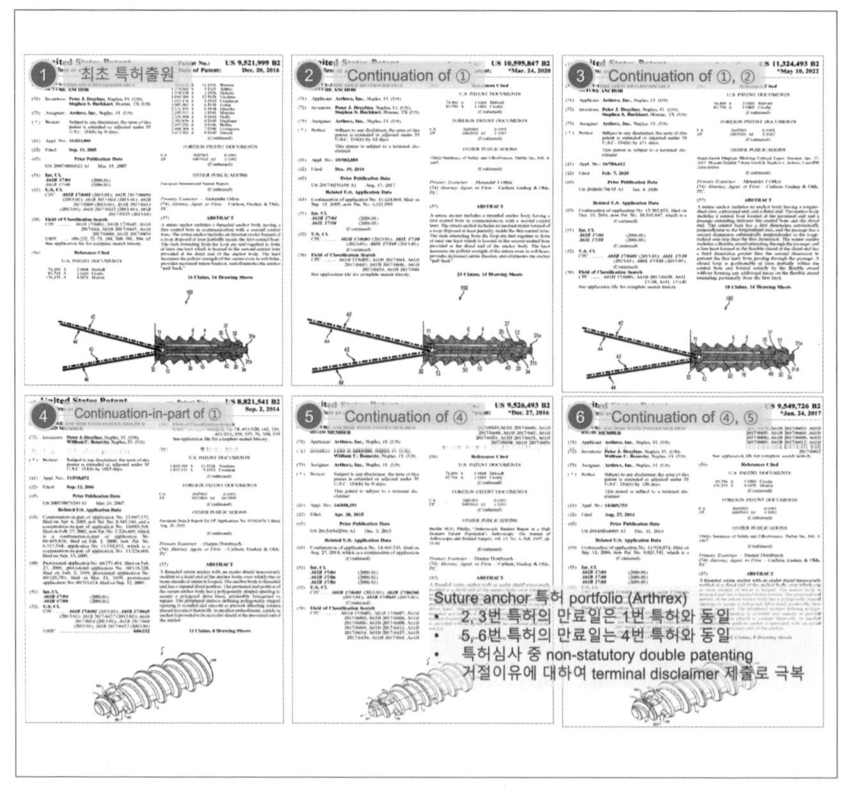


Continuation을 활용한 특허 Portfolio 구축

## (5) Reissue

명세서에 기재된 발명이 권리적으로 협소한 claim으로 등록 받았다면, reissue를 이용하여 좀 더 확장된 권리범위를 갖는 claim으로 다시 특허 받을 수 있다. 35 U.S.C. §251에는 error에 의하여 특허가 전체적으로 또는 부분적으로 무효, 즉 "wholly or partly inoperative or invalid"인 경우 reissue application이 가능하다고 하였는데, 명세서 기재사항에 비하여 특허청구항이 좁게 등록된 경우를 error에 포함시키고 있기 때문이다. 이것을 broadening reissue application이라 하고, 최초 특허의 등록일로부터 2년 이내에만 가능하다. Reissue로 등록된 특허에 대하여는 intervening rights 이슈가 발생할 수 있는데, 최초 특허등록일과 reissue 특허등록일 사이에 특허침해한 자에 대한 것이다. 즉, reissue에 의하여 확장된 claim을 침해한 자에 대하여, 재판부는 특허침해를 계속 허락할 것인지 아니면 중단시킬 것인지 침해자의 금전적 투자 규모, 침해 제품의 제조시설의 완성 정도 등 형평법상 측면을 고려하여 결정한다.

### Reissue

a. Reissue application에 의하여 새로운 특허청구항으로 특허가 등록되면, 최초 특허청구항은 처음부터 없었던 것으로 되므로, 특허권자는 reissue 특허청구항에 의한 특허침해만을 주장할 수 있다. 이때, 새로 등록된 특허청구항을 침해한 자에 대하여 intervening rights(중용권)가 발생할 수 있다. 35 U.S.C. §252

b. Seattle Box 사건 재판부는, 재판부가 특허침해자에게 특허침해행위를 지속할 수 있도록 허락할 것인지는 금전적 투자의 규모 등을 고려하여 침해한 자의 투자를 보호하는 것이 형평법상 적합한지 판단해야 한다고 하였다. *Seattle Box Co. v. Indus. Crating Packing,* 731 F.2d 818 (Fed. Cir. 1984) 즉, 재판부는 특허침해행위에 대하여 더 이상의 확장을 금지한 채 동일한 capacity로의

제조를 허락하거나, 이미 제조된 재고의 판매만을 허락하는 등의 판결을 내릴 수 있다.

c. John Bean Tech. 사건 재판부는, Morris가 35 U.S.C. §252에 근거하여 equitable intervening right를 갖는다고 판결하였다. 이것은 제3자가 최초로 등록된 특허청구항에 기대어 특허를 침해하지 않고 실시할 권리가 있음에 근거한 것이다. John Bean의 특허는 2002년 등록되었는데, 등록 직후 Morris는 특허권자에게 해당 특허의 선행기술에 의한 무효 가능성과 자신의 제품에 대한 특허 비침해 사유를 서면으로 알렸고, 그에 대하여 John Bean은 회신하지 않았다. 이에 Morris는 제품을 개발하고 판매하여 시장을 점유하였다. 특허등록일로부터 11년 후, John Bean은 USPTO로부터 reexamination certificate를 획득한 후 Morris에 대하여 특허침해소송을 제기하였다. John Bean은 특허법에서 규정한 "protection of investments"에 대하여, Morris가 금전적 투자를 하였으나, 제품의 판매에 의한 수익으로 투자한 금액을 충분히 회복하였으므로 형평법상 중용권을 더 이상 인정해 줄 이유가 없다고 주장하였다. 이에 대하여 CAFC는, 투자는 금전적인 것만으로 한정되지 않고, Morris가 해당 제품의 판매에 집중하기 위하여 사업의 2/3를 전환한 것을 중용권으로 보호할 실익이 있는 투자로 인정하였다. 또한, John Bean의 특허침해소송의 제기 시점, 즉 11년 동안의 unreasonable delay에 대해서도 지적하면서, 이러한 요소가 intervening right를 허락하는 데 중요한 고려 요소임을 명확히 하였다. *John Bean Technologies Corp. v. Morris & Associates, Inc.*, No. 2020-1090 (Fed. Cir. Feb. 19, 2021)

표준특허 분야에서 활발히 활동하는 한 변리사에 따르면, 미국 특허 출원된 발명을 표준특허 풀에 포함시키기 위한 방법으로 reissue를 활용할 수 있는데, 표준문서에 대한 필수성, 즉 essentiality가 부합되도록 명세서 기재사항을 바탕으로 특허청구항을 재작성한다는 것이다. 이때, 심사 중 심사관의 거절이유 극복을 위하여 포기하였던 사항을 다시 청구항에 포함시키는 행위가 금지되는데, 이것을 reissue recapture rule

이라 한다. 최근에는 비단 표준특허뿐만 아니라, reissue 제도를 활용하여 보유 중인 미국 특허의 보호범위를 정교하게 조정하는 것이 가능하여 관심이 높아지고 있는데, 특허담당자는 특히, 명세서 기재사항 중 원특허 claim에는 포함시키지 못한 subject matter를 reissue를 통하여 확장시키는 목적인 경우에는 해당 subject matter에 대한 언급이 있었는지 먼저 살펴볼 것을 추천한다.

## Recapture

a. 35 U.S.C. §251은 특허권자가 error without any deceptive intention을 입증하면 해당 subject matter에 대한 broadening reissue를 허락해 준다. 이에 대하여, recapture rule은 original prosecution 중 (의도적으로) 포기한 것에 대하여 reissue를 통한 broadening of a claim을 금지한다.

b. In re Youman 사건 재판부는, reissue claim의 recapture rule 위반 여부에 대하여 다음의 3-step analysis로 결정한다고 판결하였다:

(1) The reissue claims are compared to the patented claims to determine whether and in what aspect the reissue claims are broader than the patented claims.

(2) It is then determined whether the broader aspects of the reissue claims relate to surrendered subject matter.

(3) If the reissue claims are broader relative to the patented claims in a manner related to the surrendered subject matter, it must be determined whether the surrendered subject matter has crept into the reissue claim.

Youman은 자신의 US5,629,733(Electronic television program guide schedule system and method with display and search of program listings by title)에 대한 reissue application을 신청하였는데, 최초 claim은 사용자가 "select a title from the list"로 하여 출원하였다가, 심사관의 prior art를 근거로 한 거절이유 극복을 위하여 "cycle through the list"로 보정하여 등록 받았다. Reissue application을 신청하면서, "change characters on the menu"로 claim을 작성하였는데, change characters는 select from a list에 비하여 축소된 의미이나, cycle through보다는 확장된 의미이다.

재판부는 특허권자가 limitation을 추가하여 claim을 변경하고자 하였는데, patented claim과 비교하여 권리범위가 넓어지지만 original claim, 즉 특허출원 심사대상이었던 claim을 "materially narrowing(실질적으로 축소)" 하는 것이라면, recapture rule의 적용대상이 아니라고 하였다. 다만, claim이 materially narrow 되지 않는 이상, 그러한 subject matter는 reissue claim에 crept된 것으로 판단하여 recapture rule에 따라 금지한다. Material narrowing 여부를 판단함으로써, original patent application의 심사과정 중 의도적으로 포기하였던 narrowing amendment는 recapture할 수 없다고 하면서, 본 판결에 의하여 명확히 한 recapture rule을 기초로 다시 검토하도록 사건을 파기 환송하였다. *In re Youman*, 679 F.3d 1335 (Fed. Cir. 2012)

c. Recapture 거절이유는 원특허의 심사과정 중 restriction requirement 거절이유가 발행되었을 때에도 적용되는데, 해당 거절이유를 받은 출원인이 분할출원을 하지 않은 경우에 대하여 recapture가 적용된다. Orita 사건 재판부는, 특허권자가 원출원의 심사과정에서 restriction requirement에 의한 거절이유를 통보받고, 하나의 발명을 선택하여 특허등록 받은 후, 원출원에서 선택하지 않은 발명에 대하여 reissue application으로 특허등록 받고자 하는 것은 35 U.S.C. §251에서 규정한 "error"에 해당하지 않아 reissue application의 대상이 될 수 없다고 판결하였다. *In re Orita*, 550 F. 2d 1277, 1280 (CCPA 1977)

Reissue를 활용하여 특허청구항을 재작성하는 것은 비단 표준특허에만 이용할 수 있는 것은 아니다. 가령, 한국에 특허출원 후 우선권 주장 기간 1년 이내에 미국에 특허출원을 한 후, 통상 3년의 특허 등록기간이 경과하여 특허가 등록되면, 그로부터 2년 이내에 Broadening reissue 출원이 가능하므로, 이론상 한국 특허출원일로부터 6년 이내에 출시된 경쟁사의 제품에 대하여 특허침해가 성립되도록 하는 claim으로 재작성할 수 있다. 앞서 기술한 심사 경과 중의 recapture, 새로운 선행문헌에 의한 특허거절 가능성, intervening rights 등 복잡한 문제가 상존하기는 하나, 전문가와 함께 회사의 미국 특허 portfolio 구축 전략을 협의해 볼 만하다.

# 2. Patent Subject Matter Eligibility

## (1) Patentable Subject Matter

35 U.S.C. §101은 특허받을 수 있는 발명을 process, machine, manufacture, composition of matter 및 그의 useful improvement로 규정하고 있다. 그런데, 이 조항은 판례에 의하여 제외된 특허받을 수 없는 발명, 즉 laws of nature, natural phenomena, abstract ideas를 포함하는 것으로 해석된다. Supreme Court는 2014년 Alice 사건에서, 어떠한 발명이 특허받을 수 있는 것인지, 즉 patent eligibility를 분석하는 2-step test, 이른바 "Alice/Mayo Test"를 판결하였다. *Alice Corp. v. CLS Bank International,* 573 U.S. 208 (2014)

Alice/Mayo test는 다음과 같이 claim에 대하여 patent eligibility를 검토한다:

a. (Step 1) whether the claims at issue are directed to a patent-ineligible concept, such as an abstract idea; and

b. (Step 2) consider the elements of each claim both individually and 'as an ordered combination' to determine whether the additional elements 'transform the nature of the claim' into a patent-eligible application.

즉, step 1에서 claim 그 자체에 집중하여 patent-ineligible concept를 포함하는지를 검토하고, 만약 그러하다면, step 2에서 claim을 실시함에 있어서 patent-ineligible concept에 부가한 어떠한 것이 claim을 patent-eligible한 것으로 변환하는지 검토한다. USPTO는 2019.10월 "Patent Subject Matter Eligibility Guidance"를 다음과 같이 공지하였다.

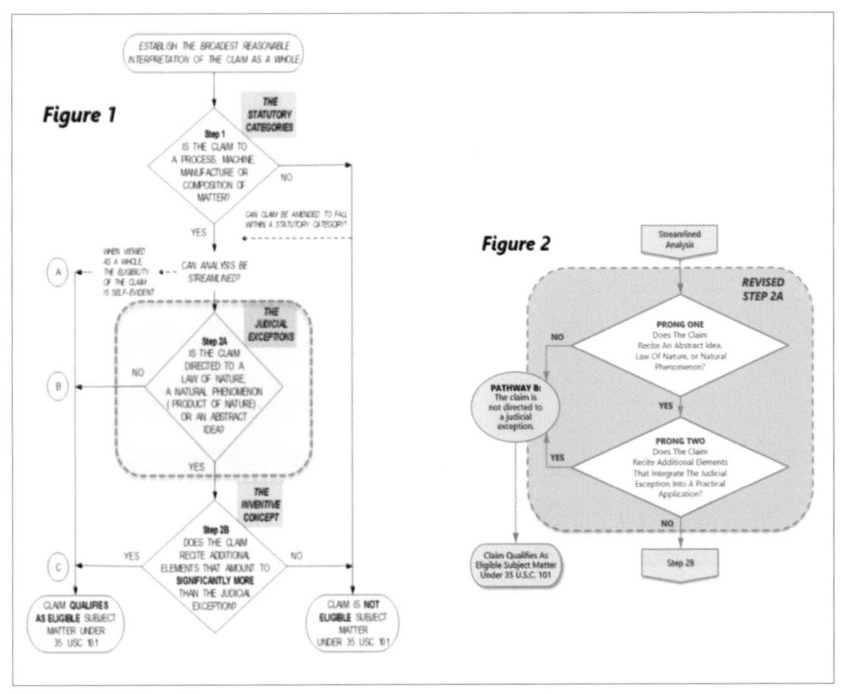


Patent Subject Matter Eligibility – USPTO(October 2019 Update)

## (2) Motion to Dismiss under FRCP §12(b)(6)

최근 software 분야의 특허를 인용한 특허소송 중, patentable subject matter eligibility에 근거한 motion to dismiss under rule12(b)(6)를 활용한 대응이 중요한 이슈로 부상하였다. Motion to dismiss under rule12(b)(6)란 원고의 complaint에 기재된 사항이 원고가 소송을 통하여 구하고자 하는 relief를 (충분히) 기재하지 못하였으므로, 해당 소송을 각하해야 한다는 취지이다. 피고는 원고가 인용한 특허가 35 U.S.C. §101 patentable subject matter eligibility 위반이라고 하면서, FRCP §12(b)(6) Defenses and Objections에 근거하여 소송의 각하를 청구하는 것이다.

Motion under rule12(b)(6)는 특허소송이 제기된 초기에 청구할 수 있으므로, 피고 입장에서는 소송을 진행함에 따라 부담해야 하는 discovery, Markman hearing 단계에서의 고액의 법률비용을 들이지 않고 소 각하를 이끌어낼 수 있다는 점에서 매력적인 motion이다.

게다가, patent eligibility는 matter of law로써, 배심원의 사실 검토에 의하지 않고 재판부 단독으로 결정할 수 있는 사안이므로, matter of fact로 되어있어 배심원의 판단이 필요한 §102(novelty), §103(nonobviousness), §112(written description) 등과 비교하여 그 결정이 쉽게 내려진다. 다만, 최근 CAFC는 일련의 판결을 통하여, patent eligibility 검토 시, factual question에 관한 판단을 보다 정밀하게 할 것을 요구하면서, 1심 재판부의 summary judgment 판결을 기각한 사례가 있다.

## Patent Eligibility Test

a. Berkheimer 사건에서 CAFC는, 1심 재판부가 Berkheimer의 특허 US7,447,713을 patent ineligible subject matter라고 판결한 summary judgment를 기각하였다. CAFC는 '713 특허의 claim 4-7은 unconventional inventive concept를 포함하고 있으므로, 이에 대한 1심 재판부의 summary judgment 판결은 오류가 있다고 지적하였다. (Summary judgment 판결은 genuine issues of material fact가 없을 때만 적합하다.) 다만, 본 Berkheimer 판결은 patent eligibility 문제가 underlying issues of fact를 포함하는 것이라고 판결한 것임에도 불구하고, Supreme Court는 일관되게 patent eligibility가 question of law라고 판결하고 있다. *Berkheimer v. HP Inc.,* 881 F.3d 1360, 1370 (Fed. Cir. 2018)

b. Aatrix 사건에서 CAFC는, 1심 재판부가 Aatrix의 특허 US8,984,393에 대한 피고의 motion to dismiss under rule12(b)(6)의 신청을 받아들인 것은 오류가 있다고 판결하였다. '393 특허는 data processing system for designing, creating, and importing data into, a viewable form viewable by the user of the data processing system에 관한 것인데, 1심 재판부는 claim은 "directed to the abstract idea of collecting, organizing, and performing calculations on data to fill out forms…. [and] do not supply an inventive concept"라고 하면서, patent-ineligible abstract idea라고 판결하였다. CAFC는 해당 claim이 inventive components를 포함하고 있다면서, §101 patent eligibility가 question of law 사안이기는 하지만, 여타의 문제와 같이 subsidiary fact questions를 포함하고 있는 바, Alice/Mayo test의 step 2가 특허권자에게 불리하게 전제되어 검토되어서는 안 된다고 판결하였다. *Aatrix Software, Inc. v. Green Shades Software, Inc.*, 882 F.3d 1121 (Fed. Cir. 2018)

최근, 미국의회는 117차 회기 기간 중 patentable subject matter에 대한 statutory standard의 개정을 위한 법안을 발의하였는데, 그중 하나는 "Patent Eligibility Restoration Act of 2022(PERA)"이다. PERA의 핵심 개정사항은 §101의 4개의 statutory categories of eligible subject matter를 유지하면서, "new"를 삭제하고 "useful"로 대체하는 것이다. 이렇게 함으로써, specific and practical utility를 요건으로 하도록 규정한다. 그리고, "process"의 정의를 "a use, application, or method of manufacture of a known or naturally-occurring process is patentable"로 보다 명확하게 규정한다.

필자는 2022년, NPE가 한국 중소기업을 상대로 제기한 2건의 미국 특허소송을 미국 현지 로펌의 변호사와 팀을 이뤄 대리한 경험이 있다. 당시, NPE가 인용한 특허는 CMOS image sensor의 신호처리 logic에 관한 것이었는데, 현지 변호사는 특허가 software 요소를 포함하고 있으므로, 소송 초기 motion to dismiss under rule12(b)(6)의 청구를 검토해 보자고 제안하였다. 특히, 소송 중 patent eligibility 이슈가 제기되면, 이에 대한 재판부의 검토는 마치 prior art에 기초한 비자명성 판단과 유사하다. 왜냐하면, Alice/

Mayo test Step 1에서 patent ineligible concept로 결정된 subject matter가 Step 2에서 patent eligible한 것으로 되려면, 어떠한 요소가 significantly more 수준으로 추가되어야 하는데, 이것은 마치 prior art와 대비하여 판단대상 claim이 자명한지 판단하는 것과 같기 때문이다. 이처럼, §101 patent eligibility 관련 software라 함은 상당히 넓은 의미로 해석되므로, 당사의 기술을 미국 특허로 등록하고자 하는 기업의 입장에서는 이러한 점을 각별히 유념하는 것이 좋다. 특히, 당사의 발명이 컴퓨터 기능을 통하여 구현되는 것이거나, software logic, algorithm 따위를 포함한다면, 특정 기계 부품 또는 programming software의 구동 방법을 구체적으로 한정하는 것을 추천한다.

## 3. 특허 Strength 점검 및 권리행사 진행여부 결정

### (1) 특허 유효성 검토

경쟁사 특허침해 여부를 분석하는 동시에 해당 특허의 유효성을 분석하는 것이 필요하다. 즉, 선행문헌에 의하여 특허청구항이 무효 가능한지 검토하는 것인데, 특허담당자가 자체적으로 무효자료를 조사할 수도 있고, 특허대리인 또는 전문기관(한국특허기술진흥원, 윕스 등)의 서비스를 활용할 수도 있다. 또한, 특허무효에는 이르지 않으나, 특허 심사과정에서의 inequitable conduct 등에 의한 unenforceability 사유는 없는지 검토하는 것도 필요하다. 필자의 경험상으로는 보유 특허의 유효성 판단을 정밀하게 하는 것이 필요하다. 특허침해 제기를 받은 자로서는 가장 확실한 방법이 특허무효화하는 것이므로, 가용 수단을 모두 동원하여 임하는 것이 일반적이다. 하여, 특허조사서비스를 제공하는 전문기관에 의뢰하고, 그렇게 하여 획득한 선행문헌에 의한 특허무효 가능성을 전문가와 함께 검토해 보는 것을 추천한다.

## Unenforceability

a. 특허청구항이 무효로 된다는 것은
  (1) 심사관이 특허심사 중 인지하지 못한 선행문헌 등에 의하여 신규성 또는 비자명성이 부정되거나,
  (2) 그 외 특허요건(patent eligibility, disclosure requirements, claim definiteness requirement)에 의하여 처음부터 특허등록되지 않았어야 함을 의미한다.

b. 진정한 발명자가 아닌 자가 발명자에 포함 - 이것은 발명자 선언(inventor declaration으로 함) - 되었다거나, 발명자가 심사 중 특허성에 영향을 미치는 정보의 공개(duty to disclose)를 하지 않는 등의 부정행위(inequitable conduct)를 하는 경우 특허가 무효로 되지는 않으나, 특허소송에 의한 권리행사(standing to enforce)를 할 수 없게 된다. Advanced Magnetic Closures 사건 재판부는, AMC의 특허 US5,572,773의 공동 발명자 중 Irving Bauer는 발명의 착상(conception)에 기여한 사실이 없는데도 발명자로 기재된 바, inequitable conduct에 의하여 해당 특허에 의한 권리행사(standing to enforce) 능력이 없는 것으로 판결하였다. *Advanced Magnetic Closures v. Rome Fastener,* 607 F.3d 817 (Fed. Cir. 2010)

c. 발명의 과정은 (1) 착상(conception), (2) 구현(reduction to practice) 및 (3) 구현으로 이끄는 단계의 활동(activities leading toward a reduction to practice)으로 나눌 수 있는데, 이 중 착상에 기여한 자만이 발명자가 된다. *Mueller Brass Co. v. Reading Indus.,* 352 F. Supp 1357 (E.D. Pa 1972) Sewall 사건 재판부는 착상에 대하여 "발명자가 발명을 완성하여 통상의 지식을 가진 자가 과도한 노력 없이 발명을 구현할 수 있는 상태에 이른 것"이라고 판결하였다: "Conception is complete only when the idea is so clearly defined in the inventor's mind that only ordinary skill would be necessary to reduce the invention to practice, without undue extensive research or experimentation." *Sewall v. Walters,* 21 F.3d 411, 415 (Fed. Cir. 1994)

d. 다만, AIA 개정 후 inventorship 정정이 수월해졌는데, 오류의 정정은 (1) petition에 의하거나(35 U.S.C. §256(a)), (2) 법원의 명령에 의하여(35 U.S.C. §256(b)) 가능하다. Egenera 사건 재판부는, 35 U.S.C. §256의 오류는 의도하지 않은 것뿐만 아니라 의도에 상관없이 모든 종류(all varieties of mistakes - honest and dishonest)를 포함하는 것임을 확인하였다. *Egenera, Inc. v. Cisco Systems, Inc.,* No. 2019-2015 (Fed. Cir. August 28, 2020)

e. 미국 현지의 한 변호사에 따르면, inventorship의 변경/정정에 있어서, 증빙서류, 절차 및 그에 따른 비용 측면에서 미국 특허출원 시점에서 가급적 신속하게 진행하는 것이 유리하다고 조언하였다. 왜냐하면, 특허출원 중에는 사유 없이 정정이 가능하지만, 등록 이후에는 기망의 의사가 없음을 소명해야만 certificate of correction을 통한 정정이 가능하고, 이것이 어려운 경우에는 reissue를 통해야 하기 때문이며, reissue에 소요되는 비용은 상당한 수준이라고 하였다.

필자의 지인으로 미국에서 활동 중인 변호사에 따르면, 한국기업은 통상 한국에서 먼저 특허출원을 한 다음 우선권 주장 제도를 통하여 미국에 진입하는 경우가 많은데, 미국 출원을 진행하는 시점에서 진정한 발명자 여부를 점검하는 것을 추천한다고 하였다. 아울러, IDS 의무를 다하기 위하여 인용문헌을 공개하고, patent family 심사 중의 인용문헌에 대한 IDS를 반드시 제출함으로써, 후에 inequitable conduct challenge가 없도록 주의해야 한다고 하였다. 한편, USPTO의 관납료 절감을 위하여 entity size를 고의로 조정할 경우, 소송 과정에서 상대방은 PTO를 기망(fraud)한 것으로 주장할 수 있으므로, 이점도 유의할 것을 조언하였다.

## (2) 권리행사 대상 상대방 보유 특허 분석

권리행사 대상인 자의 보유 특허를 분석하는 것도 필요하다. 해당 회사의 보유 특허에 대한 당사 제품의 특허침해 가능성이 있는지 충분히 검토해야만 권리행사 중 반소에 의한 금전적/사업적 피해를 방지할 수 있다.

## (3) 권리행사 진행여부 결정

이렇게 특허 권리의 강도, 유효성 및 권리행사 대상의 보유 특허에 대한 분석이 마무리되면, 권리행사 진행여부를 결정해야 한다. 이것은 권리행사에 소요되는 비용, 즉 회사의 금전적 가용 자원을 비롯하여 권리행사에 의한 회사의 사업적 평판에 미치는 영향, 권리행사를 위하여 투입될 사내 인원, 소요기간, 권리행사를 대리할 로펌 등을 종합적으로 고려하여 결정할 사안이다. 이러한 기본적인 요소에 대한 선검토가 철저히 이뤄져야만 권리행사를 진행하면서 맞서게 될 상황 변화에 대응할 수 있고, 성공적으로 권리행사를 완료할 수 있다.

# II
# 권리행사

# 1. Evidence of Use

## (1) EoU 수행

특허권자는 권리 없는 자가 직/간접으로 자신의 특허를 침해하였음을 preponderance of evidence 기준으로 입증해야 한다. 특허청구항 구성요소 각각에 대하여 어떠한 제품의 실시 가능성을 claim chart 형식으로 작성하는 것이 Evidence of Use(EoU)이다.

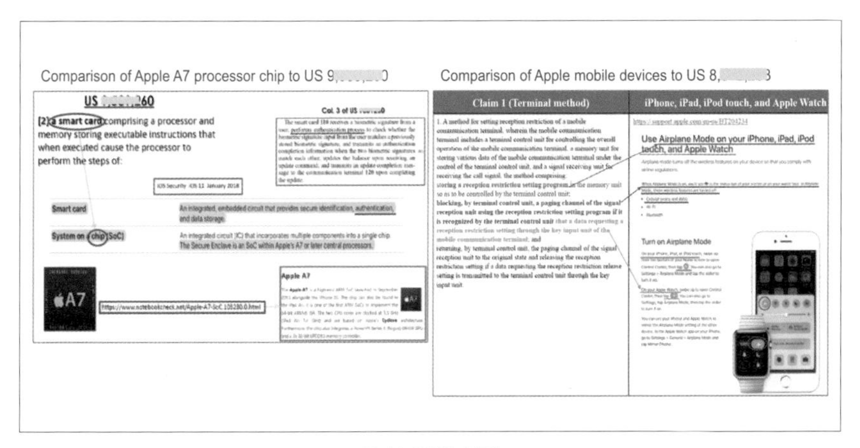


EoU 작성 사례

권리행사 진행여부를 결정하려면 일정 수준의 증거 수집이 선행되어야 하겠으나, EoU 과정에만도 적지 않은 비용과 전문적인 공수가 투입되어야 하므로, 본격적인 EoU는 큰 틀에서 권리행사를 진행하기로 한 다음에 수행할 수밖에 없다. EoU 단계에서는 공개된 자료, 가령 제품 매뉴얼, 제품 홍보 홈페이지, (제3자에 의한) 디자인 리뷰, 언론 보도 등을 참조할 수밖에 없으므로, 그러한 자료를 수집하고 문서화한 후, EoU(claim chart)로 작성하는 것이 중요하다. 특허침해를 제기할 제품의 특징과 claim element를 매칭하여 도식화하고 특허침해가 입증되도록 하는 것을 mapping이라고도 한다.

특허침해 증거의 입수 방법으로 주로 다음과 같은 것이 있다:

a. Document based search: 제품 brochure, catalog, technical specification sheets 등의 기재사항으로부터 제품에 특허기술이 포함되었는지 검토
b. Product tear-down: 기계적으로 제품을 분해하여 내부의 구성, 회로, 부품의 배치, 동작 관계 등을 규명
c. Input/Output testing: 제품의 신호 입/출력을 모니터링함으로써, 동작 관계, 특징 등의 정보를 수집하고, 그에 따른 특허침해 여부 검토
d. Reverse engineering: IC 부품 등에 대하여 X-ray spectroscopy 등의 투과 사진을 촬영함으로써, 해당 제품이 어떠한 방법으로 조립되었는지, 어느 회로 구조를 사용하였는지, 어떠한 물질을 사용하였는지 도출해 낸 후, 특허침해 여부 판단; Reverse engineering은 제품에 따라 수행 방법에 차이가 있으나, 가령 다음의 단계로 수행 가능: (1) package removal, (2) device de-layering, (3) imaging and stitching, (4) annotation, and (5) analysis

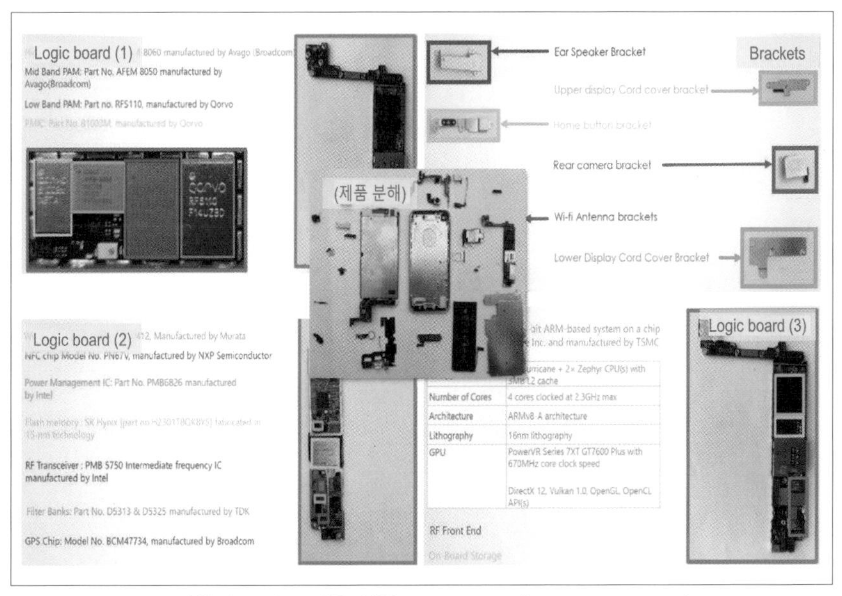


특허침해 증거 수집을 위한 Tear-down(Apple iPhone 7)

## (2) Claim Scope 분석

권리행사하려는 특허의 보호범위를 분석하는 것도 필요한데, 발명의 상세한 설명을 참작하여 특허청구항이 어떻게 해석될 것인지 예측해 보고, 특히 심사과정(file history)을 참조하여 특정 특허청구항 용어가 제한 해석되는지, 균등침해 주장이 불가한 부분이 있는지 검토하여야 하고, 특허가 우선권 기초출원, continuation, reissue 등의 이력을 갖는다면 해당 특허의 file history도 검토하여야 한다. 어떠한 구성요소에 대하여 patent family 관계에 있는 어느 한 특허의 심사과정 중 보정 등을 행하였다면, patent family 전체의 특허청구항에 효과가 미치기 때문이다.

## Similar Terms in Continuation

Advanced Cardiovascular 사건 재판부는, Medtronic의 특허 US5,292,331을 포함한 stent device에 관한 일련의 특허에 있어서, Medtronic이 선행특허의 심사 중 행한 "end" 용어에 대한 disclaimer는 비록 그 용어 자체는 후출원 claim에서 "turn"으로 변경하였으나 동일한 의미로 해석되는 만큼, disclaimer의 효력이 후출원 특허의 turn에까지 미친다고 하면서, 그러한 이유로 특허 비침해로 판결하였다. *Advanced Cardiovascular v. Medtronic,* No. 2005-1280 (Fed. Cir. 2006)

# 2. 경고장 발송

## (1) 경고장 발송 및 유의사항

특허 권리행사의 방법으로 특허침해소송을 제기하는 것이 가장 직접적이겠으나, 그 전에 특허침해 경고를 할 필요성이 있다. 이것은 특허를 침해한 자와 소송 외의 방법으로 특허침해 문제를 신속하게 해결함으로써 불필요한 법률비용을 절감할 수 있고, 특허침해 사실에 대한 고지(notice)를 통하여 일정한 법률효과, 가령 손해배상액의 기산점, 간접 침해의 고의 요건의 성립 등을 발생시킬 수도 있기 때문이다. 다만, 그러한 법률효과를 발생시키기 위한 경고장의 형식과 내용이 중요하므로, 반드시 전문가(법률대리인)와 협의하는 것이 필요하다. 가령, 경고장에 특허침해의 사실을 구체적으로 기재해야만 경고한 사실과 일자가 인정되고, 그에 따라 향후 특허소송 시 손해배상액의 기산점으로 될 수 있다. 따라서, 가급적 특허침해 사실을 당사 보유 특허의 청구항 각각의 구성요소에 대하여 침해 주장 제품의 특성을 1:1로 비교하는 claim chart 형식으로 작성하고, 경고의 목적, 가령 라이센스 체결의 요구, 특허침해소송의 제기 등을 명확히 기재하고, 기한을 정하여 경고에 대한 회신을 요구한다. 이러한 측면에서, 단순히 상대방의 특허침해 사실에 대하여 개략적으로 경고하는 의도의 경고장 문구는 상대방으로 하여금 특허 무효와 비침해를 주장하는 declaratory judgment action을 상대방에게 유리한 재판지에 신청할 수 있는 빌미를 제공할 수 있으므로, 이는 오히려 당사에게 불리하게 작용한다.

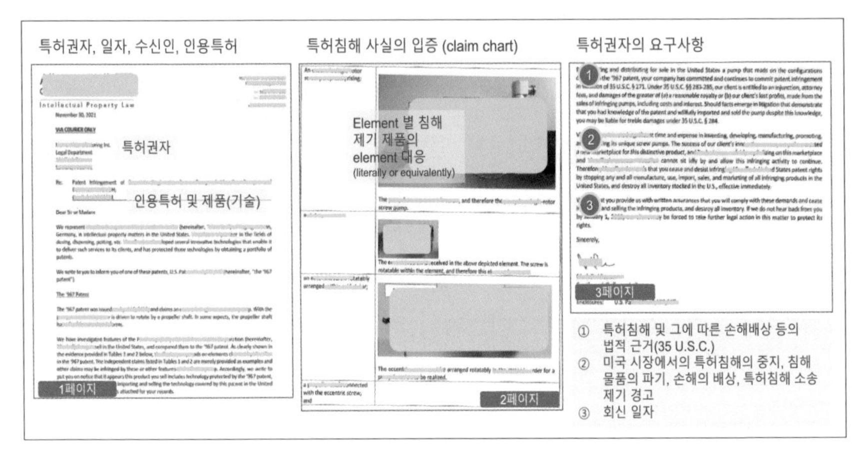


경고장 작성 사례

또한, 경고장 발송 후, 상대방과의 접촉에는 각별한 주의가 요구된다. 왜냐하면, CAFC는 경고장 발송 후 양측의 빈번한 접촉, 특허권자의 수회에 걸친 라이센스 요구와 협상에 의하여 경고장 수령자의 거주지에서의 personal jurisdiction이 성립한다고 판결한 바 있기 때문이다. 이렇게 되면, 상대방은 자신에게 유리한 재판지를 선택하여 특허 비침해를 확인하는 declaratory judgment action을 청구할 수 있고, 특허권자는 본인의 의도와는 다르게 자신이 불리한 재판지에서 소송을 진행해야만 한다. 어떠한 사안에 대하여 일단 소송이 제기되면 해당 재판부가 소송의 관할권을 갖기 때문이다. 경고장을 통하여 명확한 특허침해 사실의 주장과 그에 따른 특허 라이센스 체결을 요구하되, 전화, 이메일 등을 통한 잦은 접촉은 피하는 편이 안전하다.

### Cease-and-Desist Letter (1)

Trimble 사건 재판부는, 특허권자 PerDiemCo가 cease and desist letter 발송 후 특허침해소송 제기 전까지 Trimble에 대하여,

(1) 라이센스 협상을 위하여 수회에 걸쳐 이메일과 전화로 접촉하고,

(2) 소송을 제기하겠다는 협박과 함께 합의 또는 라이센스를 제안하였으며,

(3) Trimble이 위치한 주에서 협상 진행을 위한 법률대리인을 선임한 점 및

(4) 기술 설명을 위하여 Trimble을 방문하였으므로, Trimble 소재 주(state)에서 PerDiemCo를 피고로 하는 declaratory judgment action을 제기하기 위한 personal jurisdiction이 성립한다고 판결하였다. *Trimble Inc. v. PerDiemCo LLC,* No. 2019-2164 (Fed. Cir. May 12, 2021)

## (2) 특허 라이센스 협상 과정의 NDA 체결 필요성

경고장을 통하여 특허 라이센스를 요구하였고, 그에 따라 라이센스를 위한 협상 시, 특허와 관련한 당사의 비밀 유지가 필요한 정보(confidential information)를 상대방에게 제공해야 하는 만큼, 비밀유지 계약(Non-disclosure Agreement, NDA)을 체결하는 것이 필요하다. 통상, NDA에는 confidential information의 정의, 기간, confidential information의 사용 범위와 용도, confidential information의 반환과 파기 등이 포함되어야 한다.

## Uniform Trade Secrets Act (UTSA)

미국의 대부분의 주에서 채택하고 있는 UTSA에는 다음과 같이 trade secret이 정의되어 있는데, "경제적 가치가 있는 (일반적으로) 알려지지 않은 것으로, 비밀로 유지되는 것"이라고 한다. 다음과 같다: A trade secret is information, including formula, pattern, compilation, program, device, method, technique or process that:

1. derives independent economic value, actual or potential, from not being generally known to, and not being readily ascertainable by proper means by other persons who can obtain economic value from its disclosure, and
2. is the subject of efforts that are reasonable under the circumstance to maintain its secrecy.

즉, 보유한 자가 비밀로 유지하기 위해 일정한 노력을 기울이지 않은 경우, trade secret으로 되지 않는다.

즉, NDA를 통하여 어떠한 정보가 비밀유지를 필요로 하는 것인지, 일방이 제공한 정보를 어느 범위에서 이용할 것인지, 협상이 종결되었을 때 정보를 제공받은 자는 어떻게 반환(파기)할 것인지 등을 정밀하게 규정하여야만, 넘겨진 정보가 유용되는 것을 방지할 수 있고, 그에 따른 피해를 보전받을 수 있다.

## Non-Disclosure Agreement

Celeritas 사건 재판부는, 특허권자가 상대방에게 제공한 정보가 NDA를 체결하면서 규정한 confidential information에 해당하는지 판결하였다. NDA 체결의 중요성을 강조한 사건이다. 1993.7.28., Michael Dolan은 de-emphasis technology를 채용한 modem에 관하여 특허출원하였는데, 이것은 1995.1.31,

US5,386,590으로 등록되었다. 1993.9월, Dolan은 Celeritas 관계자와 함께 Rockwell을 만나 de-emphasis technology 기술이전 협상을 시작하면서, NDA를 체결하고 기술설명회를 가졌다. NDA는 다음과 같이 Rockwell의 비밀유지 의무를 규정하였다: "[Rockwell] shall not disclose or use any Proprietary Information (or any derivative thereof) except for the purpose of evaluating the prospective business arrangements between Celeritas and Rockwell." 한편, NDA는 다음과 같이 공중의 영역에 있는 정보는 confidential information이 아님도 규정하였다:

> "[Confidential information] shall not include information which … was in the public domain on the date hereof or comes into the public domain other than through the fault or negligence of [Rockwell]."

1994.3월, Rockwell의 경쟁사인 AT&T Paradyne은 de-emphasis technology를 채용한 modem을 출시하였고, 같은 달 Rockwell은 Celeritas에게 기술이전을 하지 않겠다고 통보한 후, 자체적으로 modem chip set을 개발하여 제품으로 출시하였다. 1995.9.22, Celeritas는 Rockwell에 대하여 NDA 계약 위반, 영업비밀 유용 및 특허침해로 소송을 제기하였고, 배심원은 Celeritas의 청구를 받아들여 거액의 손해배상을 평결하였다.

Rockwell은

(1) 특허출원 심사과정 중 심사관의 거절이유에 포함된 prior art와 Celeritas가 제출한 prior art에는 de-emphasis technology가 포함되어 있고,

(2) AT&T의 modem 출시로 통상의 지식을 가진 자가 reverse engineering으로 해당 기술을 획득할 수 있었다면서, Celeritas가 자신에게 de-emphasis technology를 제공한 시점에 이미 공중의 영역에 있는 것이므로, NDA 계약 위반이 아니라고 주장하였다.

재판부는 Rockwell의 주장을 배척하였는데, Celeritas는 기술이전 협상 과정 중 de-emphasis technology에 대한 특허출원 명세서 기재사항 이상의 상세한 기술정보를 제공하였고, AT&T의 modem이 출시되었다고 하여 그로부터 해당 기술이 즉시 획득 가능한 (readily ascertainable) 상태로 되었다고 볼 수는 없다면서, Celeritas가 Rockwell에 제공한 정보는 trade secret에 해당한다고 판결하였다. *Celeritas Technologies, Ltd. v. Rockwell International Corp.*, 150 F.3d 1354 (Fed. Cir. 1998)

## (3) 사업적 고려

특허침해소송을 제기하기 전 경고장을 발송하는 것은 상대방에게 특허침해의 사실을 고지(notice)하는 효과를 갖는 점에서 유용하다. 특히, 특허법상 특허권자는 제품에 자신의 특허번호를 기재하여 특허된 사실을 알리는 의무, 즉 marking이 필요한데 일정한 요건을 갖춘 경고장이 그러한 효과를 갖는 것이다.

### Marking and Notice

a. 특허권자는 특허침해소송을 제기하면 특허소송 제기 시점으로부터 최대 6년 전까지의 특허침해에 의한 손해를 보전받을 수 있다. 그런데, 특허권자가 자신의 특허를 제품화하여 제조/판매하는 경우("Patentees, and persons making, offering for sale, or selling within the United States any patented article"), 해당 제품에 특허번호를 표시하여야 하는데, 이것이 35 U.S.C. §287(a)에 규정된 "Marking and notice"이다. Marking and notice 의무를 하지 않았다면, 특허침해소송을 제기하거나, warning letter 등에 의하여 침해 사실을 actual notice한 시점 이후의 손해만을 보전받을 수 있다.

b. SRI International 사건 재판부는, warning letter에 의한 actual notice 요건의 충족에 관하여 판결하였다. SRI의 patent counsel은 warning letter 형식으로, SRI의 특허 사본, ATL의 2가지 모델이 특허를 침해한다는 기재 및 non-exclusive license를 허락할 수 있다는 내용을 ATL 대표에게 발송하였다. 재판부는 상기 warning letter에 의하여 35 U.S.C. §287(a)의 actual notice 요건이 충족되었다고 하면서, 특허침해소송 제기 시점이 아닌 ATL의 경고장 수령일로부터 손해배상을 인정하였다. *SRI International, Inc. v. Advanced Technology Laboratories, Inc.*, 127 F.3d 1462 (Fed. Cir. 1997)

특허침해소송을 제기하기 전 경고장을 발송하는 것은 온전히 특허권자가 누릴 수 있는 권리이자 선택사항이므로, 소송 전략상의 유불리를 충분히 고려하여 순서를 정하는 것이 필요하다. 가령, 특허를 제품으로 제조하여 판매 중인데 marking을 하지 않았다면, 손해배상액 산정 시점을 앞당기기 위하여 최대한 신속하게 경고장을 발송하는 것이 필요할 것이고, 상대방의 성향을 미리 파악할 수 있었는데 원만한 사업적 해결을 선호하지 않는다면 소송을 신속히 제기하는 편이 유리할 것이다. 또한, 이미 특허침해가 발생 중이어서 당사 비즈니스에 부정적 영향을 미치는 등 시급성이 요구되거나, 상대방에게 기습적인 특허소송의 제기로 그 효과가 극대화될 수 있다거나, 또는 특허침해의 사실이 명확하고 확보된 증거도 충분한 등 특허권자의 권리행사 전략상 유리한 점이 있다면 경고장 발송 단계를 생략할 수도 있을 것이다. 무엇보다, 사내 특허담당자는 경영진 및 관련 부서와 함께 이러한 점을 충분히 고려하여 특허소송 전략을 수립하는 것이 필요하다.

이처럼, patent marking을 누락하면 손해배상액 산정 시 손해를 볼 수 있는데, 우리 회사의 제품에 marking하는 법률적 요건을 충족하는 방법으로는 (1) 제품 포장 시 관련 특허번호를 명기하거나, (2) 제품 설명서에 특허번호를 명기하거나, (2) 제품에는 “patent”라고 기재하고, 인터넷 홈페이지에 별도의 “patent marking“ 페이지를 개설하는 방법이 있다. (이것은 virtual marking이라고도 한다.) 미국 특허법 개정(Leahy-Smith America Invents Act) 개정으로 patent marking 관련 규정이 변경되었는데, 35 U.S.C. §287(a)에는 website를 통한 patent marking이 추가되었고, 35 U.S.C. §292(c)에는 만료된 특허를 marking하였더라도, 해당 특허가 제품에 관련(cover)된 것인 이상 false marking에 해당하지 않는다고 하였다.

## Cease-and-desist Letter (2)

경고장을 어떠한 내용으로 작성하느냐에 따라 후에 특허침해소송이 제기될 경우의 법률효과가 달라진다. 경고장을 수령한 일방이 경고장에 인용된 특허에 대하여 특허 무효와 비침해를 주장하는 소송(DJ action)을 제기하는 경우 재판 관할권 성립의 문제에 있어서 중요하다. 왜냐하면, 경고장을 받은 자가 DJ action

을 자신에게 유리한 venue에 제기할 경우, 특허권자는 의도와는 다르게 불리한 재판을 진행해야 하는 부담을 갖게 되기 때문이다.

a. Supreme Court는 MedImmune 사건에서, 경고장을 받은 자의 DJ jurisdiction 성립 여부는 경고장 수록 내용을 바탕으로 (1) "substantial controversy"가 성립하였는지, (2) "sufficient immediacy and reality"을 검토하여 결정할 수 있다고 하였다. Supreme Court는 declaratory judgment 제기를 위한 subject matter jurisdiction의 성립 여부에 대한 판단 기준을 기존 CAFC의 "reasonable apprehension of imminent suit"로부터 "totality of circumstances test" 기준으로 대체하였다. *MedImmune, Inc. v. Genentech, Inc.*, 549 U.S. 118 (2007)

b. CAFC는 일련의 사건에서 substantial controversy와 sufficient immediacy and reality에 관한 구체적인 사실에 대하여 판결하였다.

(1) SanDisk 사건 재판부는, 특허권자의 cease and desist letter에 의하여 substantial controversy에 이르기 위해서는 특허침해의 구체적인 기재, 가령 claim chart에 의한 특허침해 사실의 입증이 있어야 한다고 하였다. 재판부는 (1) 특허권자 ST의 cease and desist letter에는 특허 라이센스의 요구가 기재되어 있었고, (2) licensing meeting을 제안하면서 SanDisk의 제품을 특정하여 변호사에 의하여 작성된 infringement analysis를 제시하였으며, (3) 성사된 meeting에서는 구체적인 침해 주장을 element-by-element basis로 입증하여 설명하였는데, 그러한 사실에 의하여 SanDisk의 DJ action 청구에 대한 subject matter jurisdiction을 성립하게 하였다고 판결하였다. *SanDisk Corp. v. STMicroelectronics, Inc.*, 480 F.3d 1372, 1382 (Fed. Cir. 2007)

(2) Hewlett-Packard 사건 재판부는, 특허권자가 단순히 특허를 특정한 후 상대방의 product line을 지적하여 특허침해를 주장하는 것만으로는 definite and concrete dispute 수준에 이르지 못한다고 하였다. 재판부는 수회에 걸친 양측의 서면 교환 및 서면의 내용을 바탕으로, (1) Acceleron

이 NPE이므로 오로지 특허 권리행사에 의해서만 수익을 창출하는 entity인 점, (2) 서면의 내용으로 볼 때 HP는 adverse legal interest, 즉 특허소송의 발생 가능성을 예견할 수 있었던 점에 의하여, HP의 DJ action 청구에 대한 subject matter jurisdiction이 성립하였다고 판결하였다. *Hewlett-Packard Co. v. Acceleron LLC,* 587 F.3d 1358, 1362 (Fed. Cir. 2009)

(3) Micron Tech. 사건 재판부는, 비록 특허권자가 경고장 발송 후 일정 기간 경과 시점까지도 특허소송을 제기하지는 않았으나, 특허권자가 그 기간 동안 다른 기업과 경고장 발송 및 그에 따른 특허소송 제기 행위를 하였던 만큼, 그러한 특허권자의 행위로 비추어 자신에게도 특허소송을 제기할 것임을 충분히 예견할 수 있었다고 판결하였다. 특허권자 MOSAID는 Micron에 대하여 2001.6 ~ 2002.7 동안 4회에 걸쳐 특허 라이센싱을 제안하는 warning letter를 발송한 후, 복수의 DRAM chip 제조사들과 특허소송을 진행하였다. 그러나, 정작 Micron에 대하여는 특허소송을 제기하지 않자, Micron은 2005.7월 특허 비침해 확인을 청구하는 DJ action을 제기하였다. 다음 날 MOSAID는 EDTX에 Micron을 상대로 특허침해소송을 제기하였다. 그러면서, Micron이 California 지방법원에 제기한 DJ action에는 "substantial controversy"가 결여되어 있으므로 DJ action의 subject matter jurisdiction이 성립하지 않는다고 주장하였다. 그러나, 재판부는 일정 시간이 경과한 후에도 소송을 제기하지 않았지만, 특허권자가 해당 시장의 제조사와 동일한 제품에 대하여 복수의 소송을 제기한 행위로부터 Micron이 자신도 특허소송의 대상이 될 것을 충분히 예견할 수 있었으므로 sufficient immediacy and reality 요건이 충족된다고 하면서, Micron의 DJ action 청구에 대한 subject matter jurisdiction이 성립하였다고 판결하였다. *Micron Tech., Inc. v. MOSAID Techs., Inc.,* 518 F.3d 897 (Fed. Cir. 2008)

# 3. ITC Section 337 Investigation

미국 내에서 일정한 사업을 영위하는 국내기업이라면 International Trade Commission의 특허침해제품 수출 금지조치를 이용하는 것을 고려해 볼 수 있다. ITC는 Federal agency로서, Section 337 of the Tariff Act of 1930(19 U.S.C. §1337)에 근거하여 미국 내 수입 제품에 대한 지식재산권 침해 여부를 조사(Section 337 investigation)한 후, 그 결과에 따른 수입 금지조치 등을 명령할 수 있다.

Investigation을 청구하는 자(complainant)는 다음의 사항을 기재하는 서면(complaint)을 제출해야 한다: (1) detailed infringement claim charts and contentions, (2) a description, with evidence, of the complainant's domestic industry, and (3) detailed information regarding the proposed remedy. Administrative Law Judge(행정법 판사)는 section 337 investigation을 심리하면서 investigation 전 과정, 즉 evidentiary hearing과 post-hearing briefing을 주관한다. 이후, ALJ는 Initial Determination을 발행하고, 그에 대한 Commission의 리뷰를 거치면 Final Determination으로 발행한다. Commission은 ID에 대하여 일부 또는 전부에 대하여 "adopt(인용)" 하거나 "reverse(기각)" 할 수 있다. 특허침해에 대한 section 337 investigation의 조치는 (1) exclusion order, 즉 US Customs and Border Protection에게 해당 제품의 수입 금지명령, (2) cease and desist order, 즉 미국으로 이미 수입된 제품의 판매 금지명령이 있다.

| Litigation element | ITC Section 337 investigation | Patent litigation(NDCA) |
|---|---|---|
| Parties | Complainant(s), Respondents(s) | Plaintiff(s) and Defendant(s) |
| Judge | One of six ALJs who are assigned to the ITC and have familiarity with Section 337 investigations | Article III judge or, with consent of parties, magistrate judge. The judge's familiarity with patent cases varies by district |
| Jurisdiction and importation | In rem jurisdiction over products imported into the US that are accused of infringing US IP rights | Court must have personal jurisdiction over the defendant(s) and subject matter jurisdiction over the action |
| Domestic industry | All complainants must demonstrate domestic exploitation of the asserted patent or patents | Not required |
| Applicable Procedural rules | Commission Rules of Practice and Procedure and ALJ's Ground Rules | Federal Rules of Civil Procedure, Local Rules(for example, NDCA Local Rules and NDCA Patent Local Rules) and judge's Standing Orders |
| Counterclaims | Available, but must immediately transfer to district court | Available |
| Time to respond discovery | 10 days | 30 days |
| Time to respond motions | 10 days | 2 to 4 weeks(typically) |
| Markman hearing | Often is not held(Judge's discretion) | Often is held by presiding judge(typically before expert discovery, summary judgment and trial) |
| Evidentiary trial or hearing | Held before an ALJ | Held before a judge and a jury(if requested by any party) |
| Time frame to resolution | 15 to 18 months | 2 to 3 years |
| Remedies available | Exclusion order, cease and desist order | Damages, injunctions |
| Trial decision | Initial determination by ALJ, which can be accepted or modified by the Commission's Final decision | Jury verdict or written decision and findings of fact by judge |
| Appellate review | Federal Circuit | Federal Circuit |

ITC 절차와 특허소송(Trial Court) 비교

유의할 사항은, Section 337 investigation을 청구할 수 있는 자는 미국 내 사업을 영위하는 자로 제한되는 점인데 이른바 "domestic industry 요건"이라 한다. Domestic industry 요건을 충족할 수 있는 세 가지 경우가 있다: (1) production of products that practice the asserted patent, (2) R&D directed to such products, and (3) licensing of the asserted patent. 최근 NPE에 의한 Section 337 investigation 청구에 대하여 ITC는 NPE가 다음의 두 가지로써 domestic industry 요건을 충족할 수 있다고 결정한 바 있다:

(1) prove that these litigation activities are related to licensing and pertain to the patent at issue, and

(2) document the costs associated with the litigation.

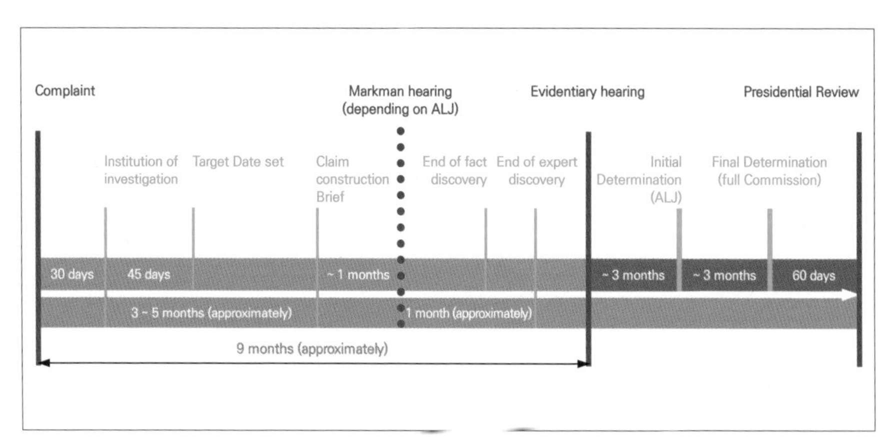


ITC Section 337 Investigation Timeline

특허침해소송에서 법원이 실시하는 injunction 결정의 적합 여부판단, 즉 eBay test는 그 조건이 까다롭지만, section 337 investigation의 exclusion order는 특허침해 제품에 대하여 동일한 효과, 즉 수입 및 판매의 금지를 가지면서도 eBay test를 수행하지 않아도 되는 점은 특허권자 입장에서 큰 장점이다. 또한, ALJ는 investigation을 개시하기 전 target date를 설정해야 하는데 이것은 16개월 이내이므로, 연방지방법원에서 진행되는 특허침해소송에 비하여 신속하다.

## Injunctions

a. 특허침해소송에서, 재판부는 특허침해가 확인되면 원고에게 금전적 손해의 보전(damages)을 반드시 판결해야 하는 데 반해, 추가의 특허침해행위 금지, 즉 injunction을 부과하는 것은 재판부의 재량사항이다. 재판부는 injunction의 부과가 적합한지 검토하는데, 이것이 eBay test이다. eBay test의 네 가지 고려사항은 다음과 같다:

(1) irreparable injury of plaintiff,

(2) monetary remedies are inadequate to compensate for that injury,

(3) balance of hardships between the plaintiff and defendant, and

(4) public interest. *eBay Inc. v. MerkExchange, LLC,* 547 U.S. 388 (2006)

b. Spansion 사건에서 CAFC는, ITC가 exclusion order를 결정하는 데 있어서, eBay test를 적용하지 않아도 된다고 판결하였다. 재판부는 ITC의 exclusion order는 U.S.C. §1337(d)(1)에 근거하는 것으로써, 해당 조항에는 다음의 public interest에 관하여 열거하고 있다.

(1) the public health and welfare;

(2) competitive conditions in the United States economy;

(3) the production of like or directly competitive articles in the United States; and

(4) United States consumers.

Congress의 입법과정을 참조하면, Section 337의 위반에 대한 통상의 제재로써 injunction을 부과하는 것으로 하고 있는 만큼, 이것은 35 U.S.C. §283에 의한 injunction과는 달리 판단하여도 된다고 판결하였다. *Spansion v. Int'l Trade Comm'n,* 629 F.3d 1331 (Fed. Cir. 2010)

## 4. 특허침해소송 승소에 따른 금전적 이득

특허침해소송을 제기할 경우, 특허침해 판결에 따른 손해배상액의 규모가 어떻게 될 것인지는 특허소송 제기 여부에 결정적 영향을 미친다. 특허담당자로서는 당사의 특허에 근거하여 상대방이 지불할 손해배상액을 산정해 보는 것이 필요한 만큼, 손해배상액의 산정방법에 대하여 미리 알아둘 것을 추천한다.

특허침해소송에서 승소한 원고는 특허침해에 따른 자신의 금전적 손해를 보상받게 되는데, 35 U.S.C.§284에서는 다음과 같이, 특허침해에 대하여 적정한 배상액을 산정해야 하며 어떠한 경우에도 reasonable royalty에 재판부가 정하는 이자 및 소송 비용을 더한 금액보다 적어서는 안 된다고 규정하기 때문에 그러하다.

> Upon finding for the claimant the court shall award the claimant damages adequate to compensate for the infringement, but in no event less than a reasonable royalty for the use made of the invention by the infringer, together with interest and costs as fixed by the court.

재판부는 2가지 방법, 즉 lost profits 또는 reasonable royalty에 의하여 그 손해액을 산정한다. 한편, 재판부는 expert testimony를 채택하여 손해액을 정할 수도 있다.

> The court may receive expert testimony as an aid to the determination of damages or of what royalty would be reasonable under the circumstances.

## (1) Lost Profits

Lost profits란 특허권자가 특허침해가 없었더라면 얻었을 이익을 의미한다. Panduit Corp. 사건에서 재판부는 이른바 Panduit test를 판결하였는데, 이 기준에 따르면 특허권자는 다음의 4가지 사항을 증명해야 한다:

a. demand for the patented product,

b. absence of acceptable noninfringing substitutes,

c. his manufacturing and marketing capability to exploit the demand, and

d. the amount of the profit he would have made. *Panduit Corp. v. Stahlin Bros. Fibre Works, Inc.*, 575 F.2d 1152, 197 USPQ 726 (6th Cir. 1978)

Panduit test는 암시적으로 특허권자와 피고가 경업 중인 시장에서 치환 관계에 있는 제품을 제조하는 것으로 가정한다. 그러므로, 특정 사건에서 특허권자와 피고의 제품이 치환 관계에 있지 않은 경우는 Panduit test에 따른 lost profits의 적절한 산정이 불가능하다. 복수의 판례에 따르면, 재판부는 lost profit을 산정함에 있어서 침해 제품이 해당 시장에서 특허제품과 경업함으로써 특허제품의 가격을 낮추는 효과를 발생시킬 수 있는 점, 즉 price erosion을 고려할 수 있다. *Crystal Semicond. v. Tritech Microelec*, 246 F.3d 1336 (Fed. Cir. 2001) 일단, 특허권자가 상기의 4가지 사항을 입증하여 자신의 손해액을 산정하면, 피고는 그러한 특허권자의 손해액 전부가 lost profits에 해당하지 않음을 입증해야 한다. *Rite-Hite Corp. v. Kelley Co., Inc.*, 56 F. 3d 1538, 1545 (Fed. Cir. 1995)

### 가. Demand for the Patented Product

Patented product에 대한 시장의 수요는 침해 제품의 매출에 의하여 입증될 수 있다. 일단, 침해 제품의 매출에 의하여 입증되면, 특허권자가 자신의 제품(기술)에 대한 시장의 요구가 있었음을 입증할 필요까지는 없다는 것이다. 왜냐하면, 두 제품은 암묵적으로 경업 중인 분야에서 치환 가능한 것으로 가정하였기 때문이다.

### 나. Available Noninfringing Substitutes

특허권자는 경업 분야에서 특허제품을 대체할 수 있는 특허 비침해 치환제품(substitutes)이 없음을 증명함으로써 자신의 손해배상액을 극대화할 수 있다. 반대로 피고는 제3자의 제품 중 특허제품을 대신할 수 있는 증거를 제출함으로써, 특허권자의 매출을 잠식한다고 항변할 수 있다. 판례에 따르면, 특허침해 제품을 구매한 자가 특허제품의 특정 기능(장점)을 구매의 동기로 하였다는 점이 입증되면 본 factor를 충족한 것으로 본다. 왜냐하면, 단순히 특허제품과 경쟁할 수 있는 제품이 존재하였다는 사실만으로는 치환제품으로 할 수는 없고, 그것을 소비자가 선택하였다는 사실까지 존재해야만 특허제품의 매출을 잠식하였다고 보는 것이 합리적이기 때문이다. *Standard Havens Products v. Gencor Industries*, 953 F.2d 1360 (Fed. Cir. 1991)

### 다. Manufacturing and Marketing Ability

특허권자가 경업 중인 분야에서 보유한 매출 능력을 검토하는데, 판례에 따르면 특허권자와 침해자의 매출 합계로부터 특허권자의 특허제품에 의한 매출을 측정하는 방법으로 산정한다. *Datascope Corp. v. Smec, Inc.*, 879 F. 2d 820, 825 (Fed. Cir. 1989) 매출 능력은 manufacturing 및 marketing 능력 측면을 고려하고, 손해배상액 산정 기간 동안만을 고려한다.

## (2) Reasonable Royalty

Reasonable royalty에 의한 손해배상액은 특허침해소송에 승소한 특허권자에게 주어지는 가장 일반적인 손해의 보전 방법인데, 특허침해 당시 특허침해가 아닌 patent license가 부여되었음을 가정하여 어떠한 royalty가 정해졌을 것인가에 의하여 결정한다. Georgia-Pacific 사건 재판부는 이른바 Georgia-Pacific factor에 대하여 판결하였는데, 이것은 현재까지 reasonable royalty 산정방법으로 사용되고 있다. *Georgia-Pacific v. U.S. Plywood Corp.*, 318 F. Supp. 1116, 1120 (S.D.N.Y. 1970) 최근, CAFC는 Georgia-Pacific factor는 reasonable royalty를 산정하는 유일한 방법은 아니며, 오히려 사건과 무관한 factor를 jury instruction에 포함시키는 것은 reversible error라고 판결한 바 있다. *Ericsson, Inc. v. D-Link Sys., Inc.*, 773 F.3d 1201, 1231 (Fed. Cir. 2014)

Reasonable royalty를 적용할 대상, 즉 매출이 발생한 물품이 entire article인지 아니면 물품의 일부 부품에만 특허가 적용되었는지가 문제된다. 전자를 entire market value라 하고, 후자를 smallest salable patent-practicing unit principle이라 한다. 특히, 최근 기술이 발전함에 따라 특허 claim scope가 일부 부품에 관한 것으로 한정되고, 복잡한 특허 비침해 부품과 결합하여 entire unit으로 되는 것이 일반적인 만큼 smallest salable unit에 royalty를 곱하여 손해배상액을 결정하는 것이 특허권자에게 과도한 손해배상액을 허락하는 오류를 방지하는 측면에서 합리적이다.

Georgia-Pacific factor에 따라 가상의 negotiation을 수행함에 있어서, 양측은 comparable license를 고려하게 되는데, CAFC는 다수의 판례에서 무엇보다 중요한 것은 comparable license 대상 기술과 침해 제품과의 기술적 유사도 존재 여부라고 하였다. 즉, 비교 대상 license agreement를 주장하는 일방은 증거로 제출한 license가 충분히 기술적으로 특허침해 제품과 comparable한 점을 입증해야만 한다.

license 협상 과정에서 합의에 도달하여 settlement agreement를 증거로 제출하는 경우, 합의에 의하여 가상의 협상은 왜곡될 수 있다는 이유로 CAFC는 받아들이지 않은 판례가 있다. *LaserDynamics, Inc. v. Quanta Computer, Inc.*, 694 F.3d 51, 77 (Fed. Cir. 2012)

최근, survey evidence에 의하여 복잡한 구성의 제품, 가령 스마트폰에 대한 특정 기능 또는 장점에 대한 소비자의 실제 선택에 어떠한 영향을 미쳤는지 검토하는 방법이 대두되고 있다. i4i Ltd. Partnership 사건에서, 재판부는 특허를 침해하는 기능의 이용횟수의 결정을 위하여 survey evidence를 인용하였다. *i4i Ltd. Partnership v. Microsoft Corp.*, 598 F.3d 831 (Fed. Cir. 2010)

# 5. 특허소송 제기

특허권자는 Federal district court에 특허침해소송을 제기할 수 있다. (이에 대하여, 1부 Ⅲ. 1. (3) 특허침해소송의 관할권(jurisdiction) 참조) 특허권자로서는 자신에게 유리한 재판 절차와 판결(favorable judgment)을 예측할 수 있는 재판지를 선정하는 것이 좋은데, 이를 forum shopping이라고 한다. 통상 특허권자는 사전에 특허침해 주장에 필요한 증거를 모두 수집하고, 특허침해소송의 진행에 필요한 사항을 준비하였으므로, 특허소송 절차가 신속하게 진행되는 재판지가 유리하다. 피고의 입장에서는 특허침해 피소에 대응하기 위하여 특허권자의 특허침해 주장을 분석하고, 인용특허의 무효절차 등을 진행할 것이므로 기간의 중지나 연장을 적극적으로 수용해 주는 재판부를 원할 것이다. 당연하게도 특허권자는 이와 반대의 성향을 선호할 것이다. 특히, 특허권자로서는 TC Heartland 판결에 따라 특허침해소송의 재판지에 대한 요건이 강화되었음에도, 외국기업에 대하여는 연방지방법원 어느 곳이나 재판지로 선택이 가능하므로, 자신에게 최대한 유리한 재판지를 선정할 수 있도록 해야 한다.

### Forum Shopping

a. 한때 연방 텍사스 동부지방법원(Eastern District of Texas)은 특허권자가 선호하는 재판지였으나, TC Heartland 사건에 의하여 특허침해사건에 대한 personal jurisdiction 요건이 강화된 후로는 특허침해소송의 제기 건수가 급격히 감소하였다. 그러나 신속한 절차의 진행, 특허권자에게 유리한 재량(discretion) 판단을 선호하는 재판부의 성향, 특허침해에 따른 고액의 손해배상액을 수여하는 배심원 등 여전히 특허권자에게 유리한 재판지로 평가받는다. 한편, 최근 연방 텍사스 서부지방법원은 NPE에 의한 특허침해소송의 제기가 가장 큰 폭으로 증가한 재판지이다.

b. 필자는 2022년 2건의 NPE에 의한 미국특허소송에서 국내기업을 대리하였는데, 원고(NPE)는 연방 텍사스 서부지방법원(WDTX)의 Waco division을 재판지로 선택하였다. 소송 대응 중 Waco division이 원고 측에 왜 유리한지 검토하였는데, 다음과 같은 특징이 있다:

(1) Waco division에는 1인의 판사(Alan Albright)만이 있어, 재판부(판사)가 자동 배정되므로, 재판부의 성향 예측 가능

(2) Waco division의 local rule에 의한 절차는 타 재판지에 비하여 매우 신속하여 discovery 착수 시기가 매우 빠름

(3) Albright 재판부는 venue transfer 신청을 대부분 기각

(4) 피고의 특허 무효절차 진행에 따른 motion to stay는 거의 받아들여지지 않음

(5) 사건 초기 피고가 소송의 형식적 요건 불비(improper venue, lack of personal jurisdiction) 주장 시 그에 대한 limited discovery를 명령하는 점은 피고의 비용 부담으로 작용

특허소송 제기 목적이 최종 판결까지 진행하여 특허침해에 의한 당사의 금전적 피해를 손해배상액으로 보전받기 위한 것인지, 특허 라이센스의 체결 또는 특허침해행위 중지 등의 당사의 요구사항을 받아들이지 않는 상대방과의 특허침해 문제에 대한 조속한 해결 목적인지에 따라 특허소송 전략이 바뀔 것이다. 일단 특허 소송을 제기한 후에는 상대방의 반소 여부에 따라 전략 수정이 필요하므로, 특허 전담부서는 소송 대리인과 긴밀히 협조하고, 사내 관련 부서와의 협조 체계를 구축하는 것이 필요하다.

필자는 특허침해소송을 제기 받은 국내기업을 대리할 때, 사내 특허담당자와 정기적으로 소송 진행 상황을 공유하면서 사건 진행 과정에서 결정해야 할 사항을 협의하고, 사안의 선택에 따른 회사 차원에서의 유불리를 신속하게 협의하여 우리 측 대응 방향을 최적화한

결과, 소송을 신속하고 우리 측에 유리한 방향으로 종결할 수 있었다. 특허소송이 장기간 진행된다는 점에서, 이러한 소송 수행 주체, 즉 회사(특허담당자) - 국내 대리인 - 현지 대리인 간 유기적 협조가 소송의 목적을 달성할 수 있는 중요한 요소로 판단된다.

지금까지 기업이 제품을 개발하여 판매하고 그로부터 매출을 일으키는 활동에 있어서 발생할 수 있는 특허문제와 그에 대한 대응방법을 주요 연방법원의 판결을 예로 들면서 살펴보았다. 미국 특허분쟁 위주로 살펴본 것은 어느 국가와 비교하더라도 특허분쟁에 따른 대응 비용이 고가인 이유로 기업에 큰 영향을 준다는 점이 첫 번째 이유이겠으나, 무엇보다 미국은 특허분쟁에 대한 공격과 방어 측면의 다양한 대응방법이 가능한 특허제도를 갖췄기 때문에, 기업 특허담당자라면 향후 발생할 수도 있는 특허분쟁을 효율적으로 대응하기 위하여 탐구해 볼 만한 사안이 풍부한 점에서 미국 특허분쟁을 살펴보았다. 마지막으로 최근 미국에서 특허침해소송의 배상액에 대한 Supreme Court의 판결 WesternGeco v. ION Geophysical Corp. 사건을 소개하면서 이번 글을 마치고자 한다. 미국 특허침해소송을 통하여 특허침해자의 해외국가 매출까지 포함된 손해배상을 인정한 판결이다.

## Recovery of Lost Profits for Foreign Uses

Supreme Court는 WesternGeco 사건에서, 35 U.S.C. §284에 근거한 특허침해의 lost profits에 따른 손해배상의 범위가 침해 제품의 미국 외에서의 매출을 포함할 수 있다고 판결하였다. WesternGeco는 US7,293,520(Control system for positioning of a marine seismic streamers)을 포함한 수 건의 특허권자인데, 특허 시스템을 판매하지는 않고, 그 대신 특허 시스템에 의하여 구현되는 서비스를 외국 소재 기업에 제공하였다. ION Geophysical은 특허 시스템의 부품을 제조하여 외국기업에 판매하였고, 외국 소재 기업은 해당 부품을 이용하여 시스템을 구현한 후 해당 국가에서 WesternGeco와 경업하였다. WesternGeco는 ION을 상대로 35 U.S.C. §271(f)(2)에 근거하여 미국에서 제조한 부품의 외국으로의 공급에 대한 특허침해를 주장하였다. 1심 재판부는 35 U.S.C. §284, 즉 특허침해에 따른 손해배상 조항을 근거로 $93 million lost profits과 $12.5 reasonable royalties를 판결하였다. 이에 대하여, CAFC는 특허 제품의 foreign use에 대한 lost profits는 인정되지 않는다면서 1심 판결을 기각하였다. Supreme Court는 우선 특허법은 WesternGeco의 lost profits에 근거한 손해배상을 금지하지는 않는다고 하였다. 특허침해에 따른 손해배상은 §284를 근거로 하여 산정되는데, §271(f)(2)는 특허된 발명의 부품을 외국으로 공급/수출하는 국내행위(domestic conduct)에 대한 것이므로, WesternGeco에게 수여된 "lost foreign profits"는 §284에 근거한 허용 가능한 lost profits라고 판결하였다. *WesternGeco LLC v. ION Geophysical Corp.*, 138 S. Ct. 2129 (2018)

참고문헌

인용판례

# 참고자료

## ● 국내자료


- 대법원 사법정책연구원, 미국 특허쟁송실무에 관한 연구, 대법원 사법정책연구원 (2016)
- 심미랑, 특허침해에 대한 손해배상액으로서 실시료 상당액, 안암법학 No. 37 (2012)
- KOTRA, 해외 전시회 지식재산권 보호 가이드, KOTRA (2017)
- 미국특허소송, 영업비밀소송 관련 미국소송절차, 증거조사, 디스커버리, Litigation Hold 관련 실무적 포인트, 가산종합법률사무소 (2022.12.29)


## ● 외국자료


- Mueller, Janice M., Aspen Treatise for Patent Law (Aspen Treatise Series), Wolters Kluwer (2020)
- Merges, Robert P. et al., Patent Law and Policy: Cases and Materials (8th ed.), Carolina Academic Press (2021)
- Schenk, Kimberly J. et al., Federal Circuit Provides Guidance on Jury Instructions on Apportionment of Patent Damages, NYSBA Bright Ideas Vol. 24 (2015)
- Ferrer, Paul, CIVIL PROCEDURE: Pleading a "Plausible" Claim in Federal Court: The Proper Application of the Plausibility Requirement, National Legal Research Group (2013)
- Brunet, Edward, Markman Hearings, Summary Judgment, and Judicial Discretion, Lewis and Clark Law Review (2005)
- Luken, John D. et al., Recent Trends in Reasonable Royalty Damages in Patent Cases, Dinsmore (2018)
- AIPLA, Report of the Economic Survey, AIPLA (2021)

- Cook, Trevor, Patent Litigation Law Review, Law Business Research Ltd. (2017)
- Rutkowski, Chad A., Patent Infringement Indemnification, Bloomberg Corporate Law Journal (2008)
- Kasdan, Michel J., Patent License Agreement (Pro-Licensee), LexisNexis (2020)
- Lyon, H. Mark et al., ITC Section 337 Investigations: Patent Infringement Claims, Practical Law Publishing Limited (2012)
- Stach, Jason E., et al., Walking the Tightrope of Cease-and-Desist Letters, Intellectual Property & Technology Law Journal (2018)
- Hoffman, David L., et al., Cease-and-Desist Letters in Intellectual Property Disputes, Los Angeles Lawyer (1999)
- Macedo, Charles R. et al., Federal Circuit Clarifies Three-step Recapture Rule for Analysis of Reissued Claims, Journal of Intellectual Property Law & Practice (2012)
- McGowan Paul E., Strategies for Indemnification under the UCC Against Claims of Patent Infringement, Intellectual Property Litigation Vol. 21 (2010)
- Atton, Cornne et al., How Experts Can Determine Patent Cases, Managing IP (2016)
- Logic, Lucas C., Confusion, Conflict, and Case Law: Analyzing the Language of the United States Patent Act and Conflicting Law Regarding the Transfer of Patent Rights in the 21th Centry, Marquette Intellectual Property Law Review Vol. 24 (2020)

## ● Website 자료


- Quinn Emanuel, Federal Circuit Recognizes New, but Limited, Privilege for Patent Agent Communications (2023.1.18), https://www.quinnemanuel.com/the-firm/publications/article-june-2016-federal-circuit-recognizes-new-but-limited-privilege-for-patent-agent-communications/
- Stach, Jason E. et al., Maximizing the Likelihood of a Litigation Stay Pending Inter Partes Review (2016), https://www.finnegan.com/en/insights/articles/maximizing-the-likelihood-of-a-litigation-stay-pending-inter.html
- DiGiacomo, John, IP Assignments: Nunc Pro Tunc Assignments in Patent, Trademark, and Copyright Law (2021), https://revisionlegal.com/copyright/ip-assignments-nunc-pro-tunc-assignments-in-patent-trademark-and-copyright-law/
- Kohm, Bryan M., Federal Circuit Denies Request to Block Disclosure of Litigation Funding (2023.2.16) Informationhttps://www.fenwick.com/insights/publications/federal-circuit-denies-request-to-block-disclosure-of-litigation-funding-information
- Shanley, Daniel G. et al., Forum Shopping: How A Retailer's Patent-Related Communications May Impact Jurisdiction (2021), https://www.huntonretailindustryblog.com/2021/05/articles/ip/forum-shopping-how-a-retailers-patent-related-communications-may-impact-jurisdiction/#more-14441
- MacAlpine, Jill K. et al., It All Starts with Inventorship (2012), https://www.finnegan.com/en/insights/blogs/prosecution-first/it-all-starts-with-inventorship.html
- Perez, Eugene T., Reissue Applications (2023.1.28), https://www.bskb.com/

professionals/eugene-t-perez

- Marinelli, Joseph, Failure to Raise Claim Construction Issue at Jury-Instruction Phase Constituted Forfeiture (2022), https://www.jdsupra.com/legalnews/failure-to-raise-claim-construction-4238486/
- Prescott, Katherine, et al., Navigating Fact Discovery in a Patent Case (2020), https://www.jdsupra.com/legalnews/navigating-fact-discovery-in-a-patent-10185/
- Gossman Forensics, What is a Daubert Challenge? (2023.2.15), https://www.gossmanforensics.com/pdf-library/pdf-glossary/daub.pdf
- McCann, Douglas E. et al., How to Present a Persuasive Opening Statement in a Patent Jury Trial (2023.2.19), https://www.fr.com/insights/ip-law-essentials/how-to-present-persuasive-opening-statement-patent-jury-trial/#_ftn2
- Bernstein, Matthew, Patent Litigation Strategies Against Patent Trolls (2023.2.23), https://www.lexisnexis.com/community/insights/legal/practical-guidance-journal/b/pa/posts/patent-litigation-strategies-against-patent-trolls
- Hall, Stephen C., Alleged Assignment Under Employment Agreement Ruled Insufficient to Convey Patent Ownership (2023.3.2), https://wyattfirm.com/alleged-assignment-under-employment-agreement-ruled-insufficient-to-convey-patent-ownership/

# 인용판례

### All Elements Rule

*Star Sci., Inc. v. R.J. Reynolds Tobacco Co.,* 655 F.3d 1364, 1378 (Fed. Cir. 2011)
*Warner-Jenkinson Co., Inc. v. Hilton Davis Chemical Co.,* 520 U.S. 17 (1997)
*Festo Corp. v. Shoketsu Kinzoku Kogyo Kabushiki Co.,* 535 U.S. 722 (2002)
*PSC Computer Products, Inc. v. Foxconn International, Inc.,* 355 F.3d 1353 (Fed. Cir. 2004)

### Claim Construction

*Read Corp. v. Portec, Inc.,* 970 F.2d 816 (Fed. Cir. 1992)
*Markman v. Westview Inst.,* 517 U.S. 370 (1996)
*Teva Pharmaceuticals USA, Inc. v. Sandoz, Inc.,* 574 U.S. 318 (2015)
*Phillips v. AWH Corp.,* 415 F.3d 1303 (Fed. Cir. 2005)
*Level Sleep LLC v. Sleep No. Corp.,* No. 2020-1718 (Fed. Cir. Jul. 13, 2021)
*ScriptPro LLC v. Innovation Assocs., Inc.,* 833 F.3d 1336, (Fed. Cir. 2016)
*Advanced Cardiovascular v. Medtronic,* No. 2005-1280 (Fed. Cir. 2006)

### Willful Infringement

*Halo Electronics, Inc. v. Pulse Electronics, Inc.,* 579 U.S. _ (2016)
SRI Int'l, Inc. v. Cisco Sys., Inc., No. 2017-2223 (Fed. Cir. Jul. 12, 2019)

### Induced Infringement

*DSU Medical Corp. v. JMS Co.,* 471 F.3d 1293 (2006)
*Global-Tech Appliances, Inc. v. SEB S.A.,* 563 U.S. 754 (2011)

### Attorney-Client Privilege

*Sperry v. Florida,* 373 U.S. 379 (1963)
*In re Queen's Univ. at Kingston,* 820 F.3d 1287 (Fed. Cir. 2016)

### Offer to Sell

*Rotec Industries, Inc. v. Mitsubishi Corp.,* 215 F.3d 1246 (Fed. Cir. 2000)

### Patent Warranty

*Crystal River Enters. v. Nasi,* 399 So. 2d 77 (Fla. 5th DCA 1981)
*Cover v. Hydramatic Packing Co.,* 83 F.3d 1390, 1394 (Fed. Cir. 1996)
*Phoenix Solutions, Inc. v. Sony Electronics, Inc.,* 637 F.Supp. 2d 683 (N.D. Cal. 2009)
*Sun Coast Merch. Corp. v. Myron Corp.,* 393 N.J. Super. 55, 79-80 (App. Div. 2007)

### Transfer of Patent

*Frugoli v. Fougnies, No. CIV 02-957-PHX RCB,* 2003 U.S. Dist. LEXIS 26651 (D. Ariz. July 24, 2003)
*Akazawa v. Link New Tech. Int'l, Inc.,* 520 F.3d 1354 (Fed. Cir. 2008)
*Sky Techs. LLC v. SAP AG,* 576 F.3d 1374 (Fed. Cir. 2009)
*Omni MedSci, Inc. v. Apple Inc.,* 2021 WL 3277220 (Fed. Cir., August 2, 2021)

### Public Accessibility

*Bruckelmyer v. Ground Heaters, Inc.,* 445 F.3d 1374, (Fed. Cir. 2006)

### Clear and Convincing Evidence

*Microsoft Corp. v. i4i Limited Partnership,* 564 U.S. _ (2011)

### Standing to Sue

*Diamond Coating Technologies, LLC v. Hyundai Motor America,* 823 F.3d 615 (Fed. Cir. 2016)

### Litigation Hold

*West v. Goodyear Tire & Rubber Co.,* 167 F.3d 776 (1999)
*Zubulake v. UBS Warburg LLC,* 220 F.R.D. 212 (S.D.N.Y. 2003)

### Local Rules

*O2 Micro International v. Monolithic Power Sys,* 467 F.3d 1355 (Fed. Cir. 2006)
*In re Nimitz Techs.,* No. 2023-103 (Fed. Cir. Dec. 8, 2022)

### Jurisdiction

*International Shoe Co. v. Washington,* 326 U.S. 310 (1945)

### Patent Venue

*Fourco Glass Co. v. Transmirra Products Corp.*, 353 U.S. 222 (1957)

*VE Holding Corp. v. Johnson Gas Appliance Co.*, 917 F.2d 1574 (Fed. Cir. 1990)

*TC Heartland LLC v. Kraft Foods Group Brands LLC*, 137 S. Ct. 1514 (2017)

*In re HTC Corp.*, 889 F.3d 1349 (Fed. Cir. 2018)

### Expert Testimony

*Daubert v. Merrell Dow Pharmaceuticals, Inc.*, 509 U.S. 579 (1993)

### Patent Term Adjustment

*Sawstop Holding LLC v.* Vidal, No. 2021-1537 (Fed. Cir. Sept. 14, 2022)

### Plausible Pleading

*Bell Atlantic Corp. v. Twombly*, 550 U.S. 544 (2007)

*Bot M8 LLC v. Sony Corp. of America*, No. 20-2218 (Fed. Cir. July 13, 2021)

### Compulsory Counterclaim

*Barefoot Architect, Inc. v. Bunge*, 632 F.3d 822 (3d Cir. 2011)

*Shure Inc. v. ClearOne, Inc.*, Civil Action No. 19-1343-RGA-CJB (D. Del. Jun. 1, 2020)

*Measurements Corp. v. Ferris Instrument Corp.*, 159 F.2d 590 (3d Cir. 1947)

*Int'l Controls & Measurements Corp. v. Honeywell Int'l, Inc.*, No. 5:12-CV-1766 (LEK/ATB), 2013 WL 4805801 (N.D.N.Y. Sept. 9, 2013)

### Rule 11 Sanctions

*Imprenta Services, Inc. et al. v. Karll et al.*, 20-cv-6177 (C.D. CA. Jul. 5, 2022)

### Discovery

*United Construction Products, Inc. v. Tile Tech, Inc.*, No. 2016-1392 (Fed. Cir. Dec. 15, 2016)

*Static Media LLC v. Leader Accessories LLC*, No. 21-2303 (Fed. Cir. June 28, 2022)

### Markman Hearing

*VR Optics, LLC v. Peloton Interactive, Inc.*, 345 F. Supp.3d 394, 396-97 (S.D.N.Y. 2018)

*Kaufman v. Microsoft Corp.*, No. 2021-1634 (Fed. Cir., May 20, 2022)

### Preservation of the Issue for Appeal

*Berkheimer v. HP Inc.*, 881 F.3d 1360 (Fed. Cir. 2018)

*Ericsson Inc. v. TCL Commc'n Tech. Holdings,* 955 F.3d 1317 (Fed. Cir. 2020)

### Opening Statement

*United States v. Dinitz,* 424 U.S. 600, 612 (1976) (Burger, C.J. concurring)

### Inter Partes Review

*Oil States Energy Services LLC v. Greene's Energy Group, LLC,* 584 U.S. __ (2018)

*Drink Tanks Corp. v. Growlerworks, Inc.*, No. 3:16-cv-410-SI, 2016 WL 3844209 (D. OR. July 15, 2016)

*Surfcast, Inc. v. Microsoft Corp.*, No. 2:12-cv-333-JDL, 2014 WL 6388489, (D. ME. Nov. 14, 2014)

*Realtime Data LLC v. Actian Corp.*, No. 6:15-cv-463-RWS-JDL, 2016 WL 3277259 (E.D. TX. June 14, 2016)

### Continuation Application

*Immersion Corp. v. HTC Corp.*, 826 F.3d 1357, 119 U.S.P.Q.2d 1083 (Fed. Cir. 2016)

*Sanofi v. Watson Labs. Inc.*, 875 F.3d 636 (Fed. Cir. 2017)

### Reissue Application

*Seattle Box Co. v. Indus. Crating Packing,* 731 F.2d 818 (Fed. Cir. 1984)

*John Bean Technologies Corp. v. Morris & Associates, Inc.*, No. 2020-1090 (Fed. Cir. Feb. 19, 2021)

### Recapture

*In re Youman,* 679 F.3d 1335 (Fed. Cir. 2012)

*In re Orita,* 550 F. 2d 1277, 1280 (CCPA 1977)

### Patent Subject Matter Eligibility

*Alice Corp. v. CLS Bank International,* 573 U.S. 208 (2014)

*Berkheimer v. HP Inc.*, 881 F.3d 1360, 1370 (Fed. Cir. 2018)

*Aatrix Software, Inc. v. Green Shades Software, Inc.*, 882 F.3d 1121 (Fed. Cir. 2018)

### Unenforceability

*Advanced Magnetic Closures v. Rome Fastener,* 607 F.3d 817 (Fed. Cir. 2010)
*Sewall v. Walters,* 21 F.3d 411, 415 (Fed. Cir. 1994)
*Egenera, Inc. v. Cisco Systems, Inc.,* No. 2019-2015 (Fed. Cir. August 28, 2020)

### Cease-and-Desist Letter

*Trimble Inc. v. PerDiemCo LLC,* No. 2019-2164 (Fed. Cir. May 12, 2021)
*SRI International, Inc. v. Advanced Technology Laboratories, Inc.,* 127 F.3d 1462 (Fed. Cir. 1997)
*MedImmune, Inc. v. Genentech, Inc.,* 549 U.S. 118 (2007)
*SanDisk Corp. v. STMicroelectronics, Inc.,* 480 F.3d 1372, 1382 (Fed. Cir. 2007)
*Hewlett-Packard Co. v. Acceleron LLC,* 587 F.3d 1358, 1362 (Fed. Cir. 2009)
*Micron Tech., Inc. v. MOSAID Techs., Inc.,* 518 F.3d 897 (Fed. Cir. 2008)

### Non-Disclosure Agreement

*Celeritas Technologies, Ltd. v. Rockwell International Corp.,* 150 F.3d 1354 (Fed. Cir. 1998)

### Injunctions

*eBay Inc. v. MerkExchange, LLC,* 547 U.S. 388 (2006)
*Spansion v. Int'l Trade Comm'n,* 629 F.3d 1331 (Fed. Cir. 2010)

### Monetary Remedy

*Panduit Corp v. Stahlin Bros. Fibre Works, Inc.,* 575 F.2d 1152, 197 USPQ 726 (6th Cir. 1978)
*Crystal Semicond. v. Tritech Microelec,* 246 F.3d 1336 (Fed. Cir. 2001)
*Rite-Hite Corp. v. Kelley Co., Inc.,* 56 F.3d 1538, 1545 (Fed. Cir. 1995)
*Standard Havens Products v. Gencor Industries,* 953 F.2d 1360, 1373 (Fed. Cir. 1991)
*Datascope Corp. v. Smec, Inc.,* 879 F. 2d 820, 825 (Fed. Cir. 1989)
*Georgia-Pacific v. U.S. Plywood Corp.,* 318 F.Supp. 1116, 1120 (S.D.N.Y. 1970)
*Ericsson, Inc. v. D-Link Sys., Inc.,* 773 F.3d 1201, 1231 (Fed. Cir. 2014)
*LaserDynamics, Inc. v. Quanta Computer, Inc.,* 694 F.3d 51, 77 (Fed. Cir. 2012)
*I4I Ltd. Partnership v. Microsoft Corp.,* 598 F.3d 831 (Fed. Cir. 2010)
*WesternGeco LLC v. ION Geophysical Corp.,* 138 S. Ct. 2129 (2018)

# 콕스특허법률사무소

콕스특허법률사무소는 서울 역삼동 테헤란로에 위치한 특허 사무소로 2019년에 설립되었다. Cox는 보트의 키잡이를 의미하며, 지적재산권에 관한 방향을 제시하고 올바른 길로 인도한다는 의미로 작명하였다.

지적재산권 전반에 걸친 특허출원 및 등록, 특허분석, startup 특허 컨설팅, IP분쟁/라이센싱 업무를 수행하고 있는데, 특히 무선통신, 코덱, 멀티미디어 전송, DRM, 디지털 방송 분야의 표준특허 전략 수립, 표준특허 작성 및 특허 portfolio 구축, 특허 pool 가입 및 표준특허 관련 기고문 작성에 강점을 갖고 있으며, 이 분야에 있어서만큼은 사무소 이력과 규모를 초월하여 월등한 품질의 서비스를 제공하고 있다.

주요 구성원인 변리사·변호사의 이력은 다음과 같다.

1. 오재언 대표 변리사
   - 강점 기술분야: 표준(이동·근거리·방송통신, 무선충전, 코덱), IT·전자 및 SW
   - 학력: 연세대학교 전기전자공학부 학사, 서울대학교 법학 석사

2. 권석윤 파트너 변리사
   - 강점 기술분야: 표준(멀티미디어 전송, DRM, 스트리밍, 홈네트워크), IoT, 반도체 메모리, 디스플레이, BM 플랫폼
   - 학력: 중앙대학교 전기전자공학부 학사

3. 오경택 파트너 변리사
   - 강점 기술분야: 표준(LTE, 5G NR, WiFi, 무선통신)
   - 학력: 고려대학교 전기전자전파공학부 학사

4. 김정훈 미국 변호사
   - 강점 기술분야: 의료기기, 광영상기기, 자동차 제어로직
   - 학력: 건국대학교 화학과 학사, 경희대학교 지적재산법무학과 석사, Franklin Pierce Law Center MIP

주 소: 서울시 강남구 테헤란로 33길 7 (6층)
인터넷: http://coxpat.com
이메일: cox@coxpat.com / 전화: (02) 6953-4045

연방법원 판례에서 찾은

# 미국 특허분쟁 대응 레시피

2023년 5월 3일 초판 1쇄 인쇄
2023년 5월 10일 초판 1쇄 발행

지은이 | 김정훈
펴낸이 | 이종춘
펴낸곳 | (주)첨단

주소 | 서울시 마포구 양화로 127 (서교동) 첨단빌딩 3층
전화 | 02-338-9151
팩스 | 02-338-9155
인터넷 홈페이지 | www.goldenowl.co.kr
출판등록 | 2000년 2월 15일 제2000-000035호

전략마케팅 | 구본철, 차정욱, 오영일, 나진호, 강호묵
제작 | 김유석
경영지원 | 윤정희, 이금선, 최미숙

ISBN 978-89-6030-615-8 13320

• BM 황금부엉이는 (주)첨단의 단행본 출판 브랜드입니다.